増補版

定延利之
Toshiyuki SADANOBU

煩悩の文法

体験を語りたがる人びとの欲望が
日本語の文法システムを
ゆさぶる話

わたしたちのことばを考える 1

JN147645

にほんごの凡人社
BONJINSHA

目次

第3章　ヒリヒリ型の体験　105

増補版まえがき

拙著『煩悩の文法』は売れに売れた。おかげで印税だけで余生を送れる見通しが立ち、勤めはすっぱりやめてしまった。いまは会議もなく、雑用もなく、まさに悠々自適の毎日……という私の妄想は、出版後まもなく砕け散ってしまった。「売れない本は即、絶版」という新書の世界の厳しさを、私は思い知らされることになったのだった。

そんなところへ救いの申し出をくださったのが凡人社さんである。『煩悩』に手を出されるとはさすがに『凡人』さんだと感心しつつ（失礼！）、お申し出を喜んでお受けした。本書が再び世に出ることになったのはそういうわけである。関係者の皆様、特に渡辺唯広さん・大橋由希さんに感謝したい。

凡人社さんは日本語教育関連の出版社であり、日本語の先生という、もともと日本語の文法に興味を持たれている方々に注目されている。それで今回の出版では有難いことに、元々の新書版を増補する形で出していただけることになった。

具体的にどう増補させていただくべきか、いろいろと迷ったが、結局、巻末に「補説」の章を設けることにした。この章では、新書版の意味内容をより大局的な観点から概説しつつ、新書版に書けなかった専門的なことも多少取り上げている。ガイドとして役立てていただければ幸いである。

二〇一六年　夏　　著者

まえがき

大学校舎の改築のために、私の研究室は一番北側の棟に移されてしまった。いままでは、事務に書類を出したり、手紙を受け取ったりするのに、端から端まで三分ぐらいかかる長い廊下を歩かなければならない。

「健康的でいいじゃないか」と言う人は何もわかっていない。

私たちD棟の住人にとって深刻な問題とは、廊下のはるか向こうのA棟あたりからやってくる同僚に、時々出会ってしまうということである。お互いに目と目が合ったと感じてから、すれ違うまでに、実に長い時間がかかる。どのタイミングで、どんな風に挨拶すればいいのか、とてもむずかしいのである。本当に誰か、長い廊下における快適な挨拶の方法を開発してほしい。

私たちが暮らす日本語コミュニケーションの世界に、なにか「問題」と呼ぶべきものがあるとすれば、それはたとえばこの「長い廊下における挨拶問題」のように、私たちがそれなりに悩み苦しむもののはずである。私たちがそもそも意識さえしておらず、そのことで悩み苦しんだ経験などないという「問題」は、問題ではない。

ここで「ら」抜きことばについて考えてみよう。「見ることが可能」という意味で「見られる」と言わず「見れる」と言うのは、「ら」抜きことばである。「寝ることが可能」という意味で「寝られる」

ではなく「寝れる」と言うのも「ら」抜きことばである。「ら」抜きことばはなぜ現在、若者を中心に広まっているのか?

それは、従来の日本語の文法システムでは、助動詞「られる」の機能が多すぎたからだ、という説明がある。「他人に見られる」の「られる」は受身を表し、「王様が民の声に耳を傾けられる」の「られる」は尊敬を表す。「冬の到来が感じられる」の「られる」は自発を表し、「どうにか着られる」の「られる」は可能を表す。受身・尊敬・自発・可能と、助動詞「られる」は四つもの機能を負担させられ大変である。そのために、新しい世代は「可能」を一つ外して、「られる」の機能負担を四つから三つに軽減したのだ、という説明である。

いかにももっともらしい話である。だが、そんな「られる」の機能負担の「大変さ」は、本当に私たちの「問題」なのだろうか。「『られる』と言うたびに、他の意味にとられてしまわないかとドキドキする」「この『られる』はどの意味だろうと相手を考え込ませるのは気の毒で見ていられない」などと私たちが悩み苦しみ、日本語コミュニケーションの明日を救うために若者たちが「ら」抜きことばの使用に踏み切ったのだとしたら、なぜ大人たちは「ら」抜きことばを賞賛せず、「教養のない若者の乱れたことば」などと心ない罵声を彼らに浴びせるのか。なぜ若者たちは自らの立派な動機を表明せず、会社訪問のときは「ら」抜きことばを使わないように気をつけないと、などとつぶやくのか。「ら」抜きことばにかぎらず、文法の説明に持ちだされる「話し手」像は、とかく異常なまでに賢く、理知的な位置に押し上げられていないか。

「自分のことをわかってほしいのに、誰もわかってくれない」と、私たちの多くが日々のコミュニケーションにはっきり「問題」を感じているいま、「話し手は聞き手にうまく理解されるようにしゃべる」「文法やコミュニケーションシステムは、よくできている」というのはどこまで真実か。

この本は、「助動詞『られる』の機能が多すぎる」という「問題」などはちっとも抱えていないが、「長い廊下における挨拶問題」や、「自分のことをわかってほしいのに、誰もわかってくれない問題」はけっこう抱えている、煩悩にまみれた話し手が、文法にいかに結びつくかを論じたものである。

第1章

知識の文法と体験の文法

下ざまの人の物語

まえがきにも書いたように、この本で論じたいのは「文法」という、いかにも立派そうな「システム」の中に、実は、些末《さまつ》な煩悩にとりつかれた私たちの日常的なしゃべり口、ものの言い方からできあがっている部分がある、ということである。

もちろん、ひとくちに「煩悩」といってもさまざまなものがあるが、この本では「自分の体験を他人に語りたい」といううきもちに関連するものを漠然と指す。このきもちが私たちを強くとらえて放さず、私たちの日常の話しぶりを支配している実態には、想像以上のものがある。

たとえば次の事例は、そのことをよく思い当たらせてくれる。

でっぷり太った客は広い部屋の片隅《かたすみ》に胡坐《あぐら》をかき、うつむいて洟《はな》をすすりながら友釣りの仕掛けをこしらえていた。「お呼びで御座いますか」と喜十さんが入口にかしこまると、井能さんという太った客は「ちょっと、ききたいことがあるので」と言った。何か重大なことでもきくのかと思っていると、「ここの川ではテグスは何厘《りん》ぐらいが理想的ですか」と言った。しかし喜十さんがまだ返事をしない間に、井能さんは「厘半ではどうだろう。こないだ僕は富士川の十島で厘半を使ってみたがね。ところがどうだろう。八寸九寸というやつが幾らでも釣れるんだ。それで夢中になって釣っているうちに、三時間に十八ぴき釣れたね。今日は三びき放流したことになったけれど、今日のような不漁は滅多にない」と井能さんはそういう法螺《ほら》を吹いた。喜十さんが「それは大漁でしたね。三時間に十八ぴき」と感心してみせると「それで、夕方までには三十何びき釣り上げたね」と図に乗って法螺を吹いた。釣り道楽の人間が釣りのことを人にたずねるのは、人に物をたずねたいからではなく、法螺を吹くきっかけを見つけたいためである。

井伏鱒二「掛け持ち」(一九四〇、『山椒魚』新潮文庫、一〇七〜一〇八ページ)

ここでは井能という客が、「この川はテグスは何匣ぐらいが理想的か」と、旅館の番頭の喜十に知識を問うフリまでして、体験談、それも偽りの体験談を敢行する様子が描かれている。相手に知識を問うているのが、自分の体験談を語りたいあまりのフリにすぎないとバレバレなのもみっともないが、その体験談がウソだというのも、たしかによろしくない。

下ざまの人の物語は、耳驚《みみおどろ》くことのみあり。よき人は怪《あや》しき事を語らず。

『徒然草』第七十三段(西尾実・安良岡康作校注、岩波文庫、一三二ページ)

今様《いまやう》の事どもの珍しきを、言ひ広《ひろ》め、もてなすこそ、またうけられね。

『徒然草』第七十八段(西尾実・安良岡康作校注、岩波文庫、一三八ページ)

まことに兼好さんのおっしゃるとおりである。

だが、「下ざまの人の物語」は七〇〇年経ったいまも衰えを知らない。

下ざまの人のあの手、この手

たとえば、上司が突然、それまでの話と何の関係もなく、

「営業の田中君て、ものを知らないね」

と言い出したとする。この発言を額面どおり、情報「営業の田中はものを知らない」を確認しようとした、知識を求める発言と思い込んで、

「すみません。よく把握しておりませんので調べておきます」

などと答えてはいけない。また、

「はい、そのとおりです」

「え、田中は物知りでしょう」

などと賛同・反論してもいけない。

上司の発言は、「田中の尋常でない無知ぶりに驚いた」という体験談の始まりを告げる、見出し提示発言である。まともに賛同したり、反論したりすれば、上司Aの話の腰を折ってしまうことになる

（でも上司はきっとへこたれないだろうが）。

部下としては、ここは怪訝《けげん》そうな、好奇心にあふれた顔をして

「は？」

「と言いますと？」

「え、そうなんですか？」

「なにかあったんですか？」

のように水を向け、上司に体験談を語りやすくさせてやらねばならない。生きんがためである。いまの上司のように知識を問う形はとっていないにしても、

A：で、会場はトキワ会館ということで――。

B：トキワはバツ。あたし、あそこ、もう二度と行きたくない。

というBの発言も同様で、激しい否定内容を含んでいるくせに、否定の理由を具体的に語っていない、思わせぶりな発言である。

こういう発言は、かなりの確率で「トキワ会館で以前、えらい目に遭った」という体験談の見出し提示である。Aからの、

「え？」

「と言うと？」

「え、そうなの？」

「なにかあったの？」

などの水向け発言があればもちろんのこと、仮になくても問わず語りに、Bは「この前あそこに行ったらさ〜」と体験談を始めるという可能性が高い。類似の手口は枚挙にいとまがない。

「体験談をかぶせるな」と、自分の社員には日頃あれほど口酸っぱく言っておきながら、得意先の会社社長が語る体験談に、うちの社長がすかさず、もっとスケールが大きくて刺激的な体験談をかぶせてしまう。先方の社長の表情が曇る様子にハラハラしながら、自分までがどこか誇らしげなきもちになってしまう。

私がまずここではっきり認めてしまいたいのは、私たちはこんなにも自分の体験を他人に語りたいのだということ、もう体験談をやりたくてやりたくて仕方ないものなのだということである。そして、これから具体的に論じていくのは、このきもちが日本語の文法システムをいかに形づくっているかということである。

だがその前に、私自身も少し、体験を語らせてもらおう。

「先生はテレビ的じゃない」

もう一年以上前のことになるが、私はあるテレビ番組から出演の相談を受けた。

だが、実際にスタッフの人たちと会って話をした段階で、出演は「当分延期」ということになった。

というより「オーディションに落ちた」と言うほうがあたっているかもしれない。

なにしろ私は別れ際に、「先生はテレビ的じゃないです」と、ダメ出しされてしまったのだから。

私のどこがテレビ的でないのか。スタッフの言い分はこうである。


ここに二つの言い方があるとする。

同じような意味でどちらもよく使われているが、正しいのはどちらの言い方だろう？

スタジオに集まったタレントたちがあれこれと意見を言い合う。だが結論は出ない。

そこへ、ことばの専門家・定延が登場する。

「先生、正しいのはどっちです？」

定延が答えて言う。

「どちらの言い方もよく使われていますね。ということは、どちらもそれなりに自然で、正しいということです」

これぐらい、テレビの視聴者を不安にさせることはない、とスタッフは言う。

テレビに出てくる「ことばの先生」は、

「正しい言い方は、これです。そっちはダメです。皆さん、間違えないように注意しましょう」

と言うものである。専門家がそう言ってくれて初めて視聴者は、

「ああ、そうなのか」

と納得し、安心するのである。

だというのに、おまえの話は、ことごとく、その逆をついているではないか。


たとえば『度数余剰』である。

ある人が春子、夏子、秋子という三人の女性とこの順に結婚したという場合に、

あの人は生涯で奥さんが三回変わりました。


という言い方がある、とおまえは言う。

算数で考えれば、奥さんが変わったのは「二回」であって、「三回変わりました」はおかしいはずである。だから「三回変わりました」はいけません、皆さんこんな言い方をしては笑われますよと言ってほしいのに、おまえは何と言うか。

「アンケート調査をしてみると、『三回変わりました』という言い方もオーケーという人が過半数を占めています。そういう言い方もあるんです」

と、わざわざ不安をかきたてるようなことを言う。

こういうものは単なる数え間違い、言い間違いとして片付けてしまいたいというのが皆に共通した思いである。それなのにおまえは、オボコ、イナ、ボラ、トドと、ある魚が成長に応じて四つの名前を持つことを「三回」ではなく「四回名称を変える魚」と記している本があるなどと（成瀬宇平・西ノ宮信一・本山賢司『図説 魚の目きき味きき事典』一九九三、講談社＋α文庫、三五七ページ）、実例を出してくる。

せめて「最近は日本語の乱れが著しい。これも日本語の乱れの一つですね」ぐらいのことは言って、「日本語の乱れ」論あたりで調子を合わせてほしいのに、おまえは逆に、古い文章にも同じような例があることを持ち出してくる。

たとえば八汐《やしお》という少女の家族が「海添いの小さなまち」から「さらに小さなまち」へ転居し、さらにそこから「海の見える家」へ転居することを「三たび、八汐の家族は居をうつしていた」と林芙美子が書いているとか（「耳輪のついた馬」一九三二、『風琴と魚の町・清貧の書』新潮文庫、四四〜五〇ページ）、太宰治が「夏の花が好きな人は夏に死ぬ」という言い伝えを受けて「それなら薔薇は四季咲きだから、薔薇が好きな人は春に死に、夏に死に、秋に死に、冬に死なねばならないか」と登場人物に言わせるところで「三度」ではなく「四度も死に直さなければいけないの？」と書いているとか（『斜陽』一九四七、新潮文庫、五四ページ）、大学に入学して東京に住むようになってから今までの住処を「二十五箇所」としたうえで、その間の引っ越しを「二十五回の転居」と書いているとか（太宰治「十五年間」一九四六、『グッド・バイ』新潮文庫、五二ページ）、新田次郎が、太郎八という人間が射撃の練習場を「裏山」から「村の上のはずれ」に変え、さらにそこから「下村のはずれ」へと変えたということを「二度」ではなく「三度場所を変えた」と書いているとか（「山犬物語」一九五五、『強力伝・孤島』新潮文庫、一八〇〜一八三ページ）、おまえは要らんことを言いつのる。

これぐらい視聴者を不安にさせる話はないではないか。

このスタッフの話は、私にもわからないではない。

だが、私にとって大事なことは「本当のところ、私たちのことばやコミュニケーションがどうなっているのか」ということに尽きる。それが「テレビ的」であるかどうかは重要ではない。そのうちに何もかも吹っ切れて、すっかり「テレビ的」な装いで皆さんの前に現れないとはかぎらないが、少なくとも今はそうではない。

私が言いたいのは、以下で展開される文法論も、やはりそういうものとして理解していただく必要がある、ということである。

これまで気にもとめていなかった言い方にことさらに注意を向けさせられ、そこにひそむ意外な複雑さをあれこれ見せられ、考えさせられるという作業は、多くの読者にとってなじみ深いものではない。その中には、ひょっとしたら読者諸氏の言語感覚あるいは言語観を揺さぶり、不安にさせるものもあるかもしれない。

だが、（『度数余剰』の場合もそうであったように）そうした作業の果てに得られる「眺望」はまた格別のものである。それを楽しみに読み進めていただければと思う。

「に」と「で」

さっそく、場所の表現から考えてみよう。次の二つの文を比べてみたい。

庭に木がある。

庭で木がある。

最初の文は別に何ともないが、二番目の文は少し変な感じがする。つまり「庭に」は自然だが、「庭で」は不自然である。

では、次はどうだろうか？

庭にパーティーがある。

庭でパーティーがある。

今度は逆に、「庭に」は不自然で「庭で」のほうが自然である。

このように、木とパーティーで「庭に」「庭で」の自然さが違う。

なぜだろう?

モノとデキコト

それはモノとデキゴトが違うからである。

日本語では「モノか、デキゴトか」という区別が重要である。モノの存在場所を表すことばには「に」を付ける。デキゴトの存在場所を表すことばには「で」を付ける。

木はモノなので、木の存在場所を表すことば「庭」には「に」を付ける。

だがパーティーは、始まって、展開して、終了する。つまりデキゴトである。だから、パーティーの存在場所を表すことば「庭」には「で」を付ける。

もちろん「科学的」な見方をすれば、木も、誕生し、成長し、枯れていく動的な存在である。だが、そうした木の変化はパーティーなどと比べると緩慢で、私たちの日常感覚ではとらえにくい。むしろ木は、基本的に静止・安定したモノとしてのイメージのほうが強い。「木はモノだ」と言うのは、こういう意味である。

状態は状態である

いま紹介した文法規則を、規則1としてまとめておこう。

【規則1】モノの存在場所を表すことばには「に」を付ける。デキゴトの存在場所を表すことばには「で」を付ける。

規則1に加えて、もう一つ、はっきりさせておきたい規則がある。これを規則2としておく。

【規則2】状態はデキゴトではない。

これは具体的にいえば、［木がある］はデキゴトでない、ということである。

×庭で木がある。

先ほど見たように、この文は不自然である（文頭の「×」印はこの意味で付けてある）。それは、「庭は木というデキゴトの存在場所」などと考えることができないということだが（木はデキゴトではなくモノである）、同時にそれは、「庭は［木がある］というデキゴトの存在場所」などと考えることができないということでもある。

もしそう考えることができるなら、この文は規則1「デキゴトの存在場所を表すことばには『で』を付ける」どおりだということになり、自然と判断されるはずだが、実際にはこの文は不自然である。

［木がある］というのは、モノが存在するという状態である。モノが存在するという状態は、あくまで状態であって、デキゴトではない。状態とデキゴトは別物である。これが規則2の意味である。

ここで見たことは、昔からよく観察されてきたことである。だが、ここには重大な見落としがあると言わざるを得ない。

四色ボールペンの謎

たとえば、次のようなAとBの対話を考えてみよう。

A：こういう四色ボールペンみたいな便利なものは、いくら世界が広いといっても、日本にしかないでしょうね。

B：四色ボールペン、北京にありますよ。

この対話で話題になっている「四色ボールペン」とは、一本で四色（ふつう黒色・赤色・青色・緑色）が書けるボールペンである。

そんな便利なものは日本にしか存在しないだろうと言うAに対して、Bは北京における存在を指摘している。このBの発言を取り出してみよう。

四色ボールペン、北京にありますよ。

ここで話し手Bは、私たちが先ほど見た規則1どおり、四色ボールペンというモノの存在場所を表すことば「北京」に「に」を付けている。ここには何の不思議さもない。

では、次のような発言はどうだろうか?

四色ボールペン、北京でありましたよ。

この発言では、最後の「あります」が「ありました」になっているほか(このことは後で述べる)、「北京に」が「北京で」となっている。だが、「四色ボールペン、北京にありますよ」と同様、この発言も不自然なものではない。(この自然さ判断にひっかかりを感じる読者は、Bの発言として、たとえば「Cさんが『四色ボールペン、北京であった』って言ってましたよ」のような、他者〈C〉からの伝聞の発言例をお考えいただきたい。この伝聞の例がかなり自然に感じられるなら、それと近い「四色ボールペン、北京でありましたよ」も話者の差こそあれ、ある程度は自然なのだと理解していただければと思う。)実例も挙げておこう。電子ネット上の情報交換所「YAHOO!知恵袋」では、次のような質問に対して、

PS3が結構売れ残っているっていう噂をきいたことがあるんですが、本当でしょうか? 都内では見たことないんですが。

(質問日時:2007/1/5 14:39:14　質問番号:10,419,930　質問した人:rondakaiさん)

次のような回答が記載されている。

きのうゲオでありましたよ!!

(回答日時:2007/1/5 21:13:49　回答番号:33,957,931　回答した人:puipuihaohao さん)

ゲオ(GEO)という商店における、ゲーム機PS3というモノの存在を、回答者は「ゲオに」ではなく「ゲオで」という形で語っていることになる(調査日:二〇〇八年五月二十七日　URL:http://detail.chiebukuro.yahoo.co.jp/qa/question_detail/q1010419930)。

では、一体どうして「四色ボールペン、北京でありましたよ」や「PS3、ゲオでありましたよ」などは不自然ではないのだろうか?

一体どうなっているのだろうか?

知識の文法と体験の文法

「四色ボールペン、北京にありますよ」という発言は、四色ボールペンが北京において存在すると知っていれば誰にでもできる。

これに対して「四色ボールペン、北京でありましたよ」という発言はそうではない。

他人から聞いて知っただけという話し手なら、こんな発言はしにくいだろう。

この発言の主として最も思い浮かびやすいのは、最近、北京を観光してきたばかりの人、「北京の体験談」をしそうな人である。

つまり「四色ボールペン、北京でありましたよ」という発言は「見てきた」「味わってきた」といった、体験の発言である。

北京旅行から帰ってきた人は、北京における四色ボールペンの存在を、知識として発言できるだけでなく、体験としても発言できる。ゲオという店でＰＳ３を見かけた人についても、同様のことが言える。

これまでの文法研究は、こうした個人的な体験の発言に十分な注意を払わず、ある庭における木やパーティーの存否といった、一般的な知識の表現を中心に進んできた。

先ほど紹介した二つの規則がその例である。これは知識の表現の説明には有効な、いわば知識の文法である。もう一度まとめておこう。

知識の文法

【規則１】モノの存在場所を表すことばには「に」を付ける。デキゴトの存在場所を表すことばには「で」を付ける。

【規則２】状態はデキゴトではない。

だが、知識の文法は体験の発言を説明できない。知識の文法とは別に、体験の文法を考える必要がある。

体験は状態をデキゴト化する

体験の文法が知識の文法と決定的に違うのは規則２である。規則１は知識の文法と変わらないとしても、規則２は次のように考えなければならない。それが体験の文法である。

体験の文法
【規則１】モノの存在場所を表すことばには「に」を付ける。デキゴトの存在場所を表すことばには「で」を付ける。
【規則２】状態はデキゴトである。

［四色ボールペンがある］というモノ（四色ボールペン）の存在状態は、知識の発言としてはただの状

態にすぎない。だが、体験の発言としては、この規則2のとおり、立派なデキゴトである。なじみのない北京の街を、「どんな様子だろう」「何があるだろう」と、好奇心のままにあちこち探検する話し手にとって、あるところ（たとえばあるスーパーの文房具売場）で四色ボールペンを見かける、つまり自分の目の前に四色ボールペンがあるというのは、立派なデキゴトである。

そのデキゴトが北京において存在しているので、規則1どおり「北京で」でよい。

知識の文法では、状態は状態でしかない。だが、体験の文法では、状態はデキゴトでもある。つまり体験は状態をデキゴト化する。

では、なぜ体験は状態をデキゴト化するのか？――この問題は私の中で、長らく、大きな疑問としてくすぶっていた。

疑問が解けたのはつい最近のことである。

17才

ここに一曲の歌がある。

これは、もともとは南沙織のデビュー曲、その後森高千里がカバーした「17才」という人気歌謡曲で、聞き覚えがあるという読者も多いかもしれない。

17才

誰もいない海
二人の愛を確かめたくて
あなたの腕を
すりぬけてみたの
走る水辺のまぶしさ
息もできないくらい
早く強く　つかまえに来て
好きなんだもの
私はいま　生きている

作詞：有馬三恵子　作曲：筒美京平（一九七一）JASRAC 出1613122-601

歌詞は短く切りつめられているが、描き出されている情景ははっきりしている。季節は夏だろう。キラキラと輝く砂浜にたたずむ一組の若いカップル。その女性が突然、男性を置いて、波打ち際を走りだしたというわけだ。

といっても、男性のことを嫌って走りだしたのではない。

男性に追いかけられ、つかまえられて抱きすくめられ、「男性が自分を愛していること」そして「自分も男性を愛していること」を確かめたいからである。

それはもちろん、わざわざ確かめるまでもないことなのだ。「私は本当は愛されてないのでは？」といった疑念があるわけではない。

だがそれでも、愛されていることをあえて確かめ、実感してみたいのだ。

ようやく事情を察したらしい、ちょっと鈍重な、でもとっても力強くて頼れる男性の「待てー♥」という声が後ろからしてきたではないか。「キャー♥」。ああ、早くつかまえて。ああ好き好き。ああ私はいま生きているといった情景が、この歌をこれまで聴いたことのない読者の心にも浮かぶことだろう。

私がこの歌を久しぶりに聞いたのは、ある居酒屋の有線放送かなにかである。

最初は特に気にも留めていなかったが、最後の歌詞「私はいま　生きている」の部分に、頭を殴られるようなショックを受けた。

私たちはいま生きている

言語研究者が考えるデキゴトとは、「一郎が二郎を殺す」や「二郎が死ぬ」のような、力のやりとりや発散、あるいは時間の進展に基づくデキゴトばかりである。

それに満足できず、「体験は状態をデキゴト化する」と考えた私にしても、なぜ体験が状態をデキゴト化するのか、さっぱりわからずにいる。

だが、答は「17才」の女性が与えてくれているではないか。

「四色ボールペン、北京でありましたよ」などの文をたよりに、私がぼんやり探り当てたデキゴトとは、結局のところ「私はいま生きている」というデキゴトであったのだ。

なぜ体験が状態をデキゴト化するのか？——今の私なら莞爾《かんじ》として笑い、こう答える。

一瞬の状態は、たしかにそれ自体では状態でしかない。

だが、私たちがその状態を「生きる」ことによって、その状態は、私たちの人生の一部となり、立派なデキゴトとなるのだ。

なぜかというと、私たちの人生は、一瞬一瞬の、「生きている」というデキゴトの積み重ねだからだ。

「四色ボールペン、北京でありましたよ」は私の人生の一部を語っている。
「四色ボールペン、北京でありましたか」はあなたの人生の一部を問うている。
「彼は四色ボールペンを求めて北京をさがしまわるらしいよ」という噂を聞いて「気の毒に。四色ボールペン、北京であったらいいね」と答えるのは、彼の人生の一部がこうであればいいと言っていることなのだ。

ここまで述べてきたことをまとめると、次のようになる。

知識の文法
【規則１】モノの存在場所を表すことばには「に」を付ける。デキゴトの存在場所を表すことばには「で」を付ける。
【規則２】状態はデキゴトではない。

体験の文法
【規則１】モノの存在場所を表すことばには「に」を付ける。デキゴトの存在場所を表すことばには「で」を付ける。
【規則２】状態は体験者の人生の一部であり、したがってデキゴトである。

庭の木の謎

ここでもう一度、先ほどの例文を振り返ってみよう。

×庭で木がある。

この不自然な文を最初に挙げたのは、「木はモノだから『庭で』ではなく『庭に』が正しい」という知識の文法を紹介するためであった。

しかしいま、私たちは、知識の文法とは別に、体験の文法があることを知った。これは、試験のたとえで言えば「選択可能な受験科目は算数だけだと思っていたら、算数とは別に、国語もあった」というのに似ている。算数か国語、どちらかを選択して合格点をとればいいのだ。算数で六〇点以上をとっても合格だが、たとえ算数で合格点をとる力がなくても、算数ではなく国語を選択して、六〇点以上をとればそれで合格である。

たとえば「四色ボールペン、北京でありましたよ」という文は、知識の文法には合っていない。つまり、北京における四色ボールペンの存在を、知識として発言する文としては不自然である（右に挙げた試験のたとえで言えば、この文は算数で合格点をとる力のない受験者である）。だが、この文は体験の文法には合っている。北京における四色ボールペンの存在を、「北京で発見した」と言っているのに近い、体験として発言する文としては、この文は自然である（この受験者は国語を選択すれば見事、試験に合格である）。知識の発言としてはアウトだが、体験の発言としてはセーフなので、結果的にはこの文は、体験を述べる自然な文（国語で合格する受験者）だということになる。

では、「庭で木がある」はどうだろうか？

×庭で木がある。

知識の文法とは別に、体験の文法があるのだ、あるのだ、あるのだ、と何度目をこすって思い直してみても、この文はつくづく不自然で、ちぃとも自然にはならない。

問題をよりはっきりさせるために、文型をそろえてみよう。

四色ボールペンなら北京でありましたよ。

木なら庭でありましたよ。

うーん。文型をそろえても、やはり後者の文は不自然で、どうしても「庭に」のほうがずっといいと思えてしまう。つまり、こうである。

○四色ボールペンなら北京でありましたよ。
×木なら庭でありましたよ。

ということは、「庭で木がある」という文は、知識の発言として不自然であるだけではなく、体験の発言としても不自然だ、ということである。

「四色ボールペンを発見した」と言っているのに近い、体験の発言として四色ボールペンの文が救済されたのと同じように、「木を発見した」という体験の発言として木の文が救済されるかというと、そうはならず、文は不自然なままである。

なぜだろう?

面白いか、面白くないか

私たちは誕生以来、一瞬一瞬生きている。一瞬一瞬さまざまなことを体験している。

しかし、だからといって、私たちの一瞬一瞬の「生」のすべてが、文句なしに輝いているというわけではない。

水辺を走る「17才」の彼女のように、私たちがいつもいつも人生を満喫し、「私はいま生きている!」なんて感じるわけではない。

正直なところをいえば、むしろ、単調な日常生活の繰り返しに退屈していたり、心が鈍化してほとんど何も感じなかったりすることも多いのである。

体験には面白い体験だけでなく、面白くない体験も厳然としてあるのである。

私がここで言いたいのは、体験を語る場合、その体験は、それなりに面白いものでなければならない、ということである。

「北京における四色ボールペンの存在」を体験したという文が自然なのは、この体験がそれなりに面白いからである。

「庭における木の存在」を体験したという文が不自然なのは、この体験が全然面白くないからである。

当たり前ではないか、と読者は思われるかもしれない。

たしかにおまえの言うとおり、会社でも飲み屋でも教室でも、「僕の若い頃はだネ」などとつまらない思い出話をくどくどしゃべれば、つかの間の自己満足には浸れるかもしれないが、相手からは敬遠されてしまう。体験を語るなら、相手を少しでも惹《ひ》きつけるような面白い体験を語るべきだろう。だが、そんなことは世の常識ではないか。わざわざここで言い立てなければならないことなのか。

そうではない。

つまらない体験をしゃべると「こんなつまらないこと、よくしゃべるなあ」と相手にあきれられてしまうから皆さん気をつけましょうというような、「しゃべるマナー」の話を私はしているのではない。

私はここで、文法の話をしているのだ。

日本語には知識の文法とは別に体験の文法がある。

たとえば「モノの存在状態は状態であってデキゴトではない。モノの存在場所を表すことばには『に』を付けよう」という知識の文法にしたがえば、「庭に木がある」「公園に不審者がいる」「ここに幸せがある」その他、どのような知識の発言でも問題なくおこなうことができる。

ところが、体験の文法はそうではない。

「状態は体験者の人生の一部であり、したがってデキゴトである」という体験の文法にしたがったからといって、どんな体験でも発言できるというわけではない。

オレは庭において木を目撃体験しているといっても、「庭で木がある」が不自然なのはその例である。「庭で木がある」と聞いた人は、「あんたが庭における木の目撃体験を語っていることはわかるけど、その体験つまんねー」などとは思わない。「ん、何言ってんの？『庭で木がある』って何？『庭に木がある』のこと？」のように、そもそも体験を語っているとさえ理解してくれない。文法に合っていないからである。

体験の文法は、それなりに面白い体験だけに許された文法である。面白くない体験は、体験の文法には合わない。むりに体験としてしゃべると、つまらない以前に、何を言ってるのかわかってもらえない。つまり次のようになる。

体験の文法
【規則1】モノの存在場所を表すことばには「に」を付ける。デキゴトの存在場所を表すことばには「で」を付ける。
【規則2】状態は体験者の人生の一部であり、したがってデキゴトである。
【規則3】それなりに面白い体験でなければならない。

「ちょっと待ってくれ。私は文房具には個人的に嫌な思い出があって、文房具の話は聞きたくない。『北京における四色ボールペンの存在』という体験など、少しも面白くない。」「『庭における木の存在』という体験と同様、何の興味も湧かないぞ」という読者も、もちろんいるかもしれない。何が面白く、何が面白くないかに関して、個人差があるということは私だって承知している。

それでも私は「面白さ」という、これまでの文法研究にはまったく登場しなかった視点を導入しようとする。なぜか？

「体験の文法が許されるかどうか」つまり「ある情報が体験として語れるかどうか」を細かく調べていくと、個人差はあるにせよ「私たち人間一般にとって面白い体験」としか言いようのない、体験の「理想型」が見えてくるからである。

その理想型に近い体験は一般的に面白く、理想型から遠い体験は一般的に面白くない。そういう理想型との距離にしたがって、体験の文が自然になったり不自然になったりするからである。（個人差のことを気遣って、これまでは「それなりに面白い体験」のように、「それなりに」という但し書きを付けてきたが、今後「それなりに」は外させてもらう。）

この後の二章にわたって書かれているのは、そのことの具体的な紹介である。体験の理想型を便宜的に二つの面に分け、一つを「ワクワク型」の体験、もう一つを「ヒリヒリ型」の体験と呼ぶことにする。第2章ではワクワク型を、第3章ではヒリヒリ型を取り上げる。

第2章　ワクワク型の体験

1　ワクワク型の体験とは?

宇宙と本棚

宇宙――それは人類に残された最後の開拓地である。

そこには人類の想像を絶する新しい文明、新しい生命が待ち受けているにちがいない。

これは、人類最初の試みとして5年間の調査飛行に飛び立った、宇宙船USSエンタープライズ号の、驚異に満ちた物語である。


ご存じの方も多いだろう。これはテレビシリーズ『宇宙大作戦(スター・トレック)』冒頭のナレーションである。アレクサンダー・カレッジのテーマ曲とともに始まる若山弦蔵のこのナレーションを聞くと、いまだにワクワクするという人は私だけではないはずだ。

ワクワク型の体験とは、『宇宙大作戦』のような冒険である。

そして、ワクワク型の体験の中核にあるのは、探索である。

ここで、少しだけ用語を紹介させていただく。

探索が及ぶ領域（『宇宙大作戦』の例でいえば宇宙）を「探索領域」と呼ぶ。探索には「探索領域はどんな様子だろう？　探索してやろう」という問題意識、あるいは意気込みが必要である。これを「探索意識」と呼ぶ。見知らぬ宇宙を目の前にしても、ただぼんやりと眺めていて探索意識がないのであれば、探索をおこなっているとは言えず、ワクワク型の体験もない。

こう言うと、何かすごく大変なものに思えるかもしれないが、我々は実際、ワクワク型の体験をよくやっている。身近な例を小説から挙げてみよう。

コーヒー店には二十分ほどいたろうか。やがてそこを出ると、あてどなく歩いた。土曜日の暮方だというのに街は人が混んでいた。本屋の前を通った。足をとめ、店先にならんでいる週刊誌の表紙にさっと目を通した。それから店のなかに入り、棚の本を一通り眺めた。本は種別に並べてあった。経営に関する本が並べてある棚があった。いやな本だ、と弘一はふっとその棚から目をそらし、別の棚をみた。

立原正秋『残りの雪』（一九七三～一九七四、新潮文庫、一三五ページ）

『宇宙大作戦』と比べるとスケールがぐっと小さくなり、登場人物（朝永弘一）の気分も高揚せず、むしろ沈んでいるが、ここではこの人物のワクワク型の体験が語られている。

「今日が土曜の暮方であることからすれば、意外なことだ」のような付け加えはあるが、この体験の中核を占めているのは、街や本屋を探索領域とする探索であり、そのことは「街は人が混んでいた」「棚の本を一通り眺めた」「本は種別に並べてあった」「経営に関する本が並べてある棚があった」「別の棚をみた」などの部分に現れている。

ポケットの中をさぐる。インターネットで誰かのブログを見る。あるいは、それまで飲んだことのないワインを試してみるなど、私たちは日常、さまざまな形でワクワク型の体験をおこなっている。ワクワク型として、どんな体験が面白いか、どんな体験が面白くないかは、以上のことから明らかだろう。

探索領域が未知であればあるほど、その体験は面白い。

逆に探索領域がよく知られているほど、その体験は面白くない。

部屋を探す

たとえば「部屋を探す」といっても、「捜査員が入って、その部屋の床に落ちている糸くずから、壁に付いている指紋から、すみずみまで調べる」というのと、「巨大なホテルで迷子になってしまい、自分の部屋はどこかと、ホテル内を歩き回る」というのでは意味が違う。

これらを単に「部屋を探す」と言っていたのでは誤解が生じかねない。

そこで、混乱を防ぐために、「ワクワク型」「探索」「探索領域」「探索意識」に加えて、あと少しだけ用語を紹介しておこう。

私たちがある部屋を探索領域として探索をおこなう場合、ただ「その部屋はどんな様子なのか?」という探索意識だけで探索する場合もある。

だが、たとえば「なくした手帳はどこか?」のような、課題を解決するために探索する場合も、日常よくあるだろう。

このような、探索によって解決しようとする課題を「探索課題」と呼ぶことにする。

探索課題と探索意識は似ているが、両者は別物である。

探索課題は探索に絶対必要というわけではないが、探索意識は探索に必須であり、探索意識がなければ(見知らぬ宇宙をただぼんやり眺めている場合のように)探索にはならないからである。

だが、別物とはいっても、両者にはもちろん関係がある。

探索意識は、探索課題が課せられると活性化する。

部屋のすみずみまで調べるにしても、「手帳はこの部屋にあるはず。探さないと」と思えば気合いが入るということである。

さて、私たちはもはや、二つの「部屋を探す」を言い分けられるようになっている(はずだ)。

捜査員がおこなうのは、部屋を探索領域とする探索である。

それに対して、迷子の宿泊客がおこなうのは、ホテル内を探索領域とする探索で、この探索には「自分の部屋はどこか?」という探索課題が設定されている。

探索の時間的スケール

最後にあと二つだけ用語を紹介しておこう。

探索は、その時間的スケールに応じて、マクロ探索とミクロ探索に区分される。

たとえば、ある部屋を探索領域とするマクロ探索とは、探索者がその部屋に入った時点に始まり、その部屋を退出した時点に終了する、一つの大きな探索である。

もっとも、「なくした手帳はどこか?」のように探索課題を備えた探索の場合は、探索領域(部屋)の中で探索課題が解決すれば(手帳が発見されれば)、その時点が終期となる。

このようにスケールの大きなマクロ探索とは別に、探索領域である部屋の中で一瞬一瞬、無数回おこなわれる、スケールの小さな探索がある。それがミクロ探索である。

いまおこなうミクロ探索は次の瞬間にはもう終わり、過去のものとなっている。

これに対してマクロ探索は、探索者が探索課題を解決するか、探索領域を退出するかして初めて終了する。

ワクワク系の体験に関して、必要な用語は以上である。
ワクワク型の体験について、ここで述べたことをまとめると次のようになる。

- ワクワク型の体験とは、未知の環境に対する探索を中核とする冒険である。
- 探索が及ぶ領域を探索領域と呼ぶ。
- 探索には「探索領域はどんな様子だろう？　探索してやろう」という探索意識が必要である。
- 探索意識は、探索によって解決しようとする探索課題が課せられると活性化する。
- 探索は、その時間的スケールに応じて、マクロ探索とミクロ探索に区分される。
- 探索領域が未知であればあるほど、その体験はワクワク型の体験として面白い。
- 逆に探索領域がよく知られているほど、その体験は面白くない。

ということは、探索領域が未知であるほど、体験の文法が働き、状態はデキゴトとしてとらえられやすくなるということである。

このことを中心に、ワクワク型の体験が文法に関わる様子を、具体的に観察してみよう。

2 「で」

北京と庭

次の二つの文を比べてみると、

四色ボールペンなら北京でありましたよ。

木なら庭でありましたよ。

第1章で述べたように、最初の北京の文は自然だが、二番目の庭の文は不自然である。このような自然さの違いがなぜ生じるのか？

それは、北京が広大で、北京っ子にとってさえ熟知がむずかしいのに対して、自宅の庭は狭く、熟知しやすい空間だからである。

北京を探索領域とする探索者の状態［（目の前に）四色ボールペンがある］は、ワクワク型の体験として面白いので、体験の文法が働き、この状態はデキゴトとしてとらえられやすい。「北京で」が自然と判断されやすいのは、そのためである。

反対に、庭を探索領域とする探索者の状態［（目の前に）木がある］は、ワクワク型の体験として面白くなく、体験の文法が働きにくい。つまりこの状態はデキゴトとしてとらえられにくい。「庭で」が不自然と判断されやすいのはそのためである。

広場と隠れ家

探索領域は、ただ広ければいいというものではない。

たとえば次の二文を比べてみると、

その広場でやはり木があったらしい。

容疑者の隠れ家《が》でやはり手榴弾《しゅりゅうだん》があったらしい。

第一文よりも第二文のほうが自然だと言う人が多い。

だが、ふつう、広場と隠れ家では、広場のほうが広いだろう。

必要なのは、「容疑者の隠れ家という空間は謎に満ちた領域で、私たちの探索意識をかき立てる」という、探索領域の特性に注目した説明である。

探索領域の広さですべてが決まるわけではない。

そのうえでの話だが、「で」は「に」とちがって「ある程度の場所らしさを要求する」という特徴を持っている。

ポケットをさぐってカギがあったからといって、

ポケットにカギがあった。

とは言えても、

ポケットでカギがあった。

と言えないのはその例である。これは、そもそもポケットが衣服などの付属物であって、あまり場所らしくないからである。

「で」がマクロ探索を好みミクロ探索を嫌うことも、「ある程度の場所らしさを要求する」という特徴の現れである。（「マクロ探索」「ミクロ探索」については38ページを参照されたい。）

北京のある百貨店の文房具売場で、四色ボールペンを発見したという場合を例にとると、探索領域である北京を出た後（典型例を言えば日本に帰った後）に、四色ボールペンなら、北京でありましたよ。

と言うこと、つまりマクロ探索は問題ない。だが、いま現在、北京の百貨店の文房具売場にいて、そばにいる友人に、

え、君は四色ボールペンを探してるの？　四色ボールペンなら、ここでありましたよ。

とミクロ探索の体験を「で」で発言するのは、あまり自然ではない。話し手とともに移動する「ここ」という空間は、北京と比べて安定性に欠けており、場所らしくない。

判断の「で」

ただし、付け加えておくと、

四色ボールペンなら、デパートに行かなくても、近所の文房具屋であるでしょう。

のような言い方はできる。

この文では、「近所の文房具屋」という、四色ボールペンというモノの存在場所を表すことばに「で」が付いている。だが、これは、体験の文法とは別の事情によるものである。

この文は、話し手が「デパートよりも近所の文房具屋のほうが近くて手軽だ」という判断をおこなったうえで、四色ボールペンの存在について語っている。

そのために、もともと判断表現（断定の助動詞「だ」の連用形）としての性質も持っている「で」が、自然になったものである。

同様に、次の文も、

四色ボールペン、手近なところでないかなあ。

四色ボールペンがありそうなさまざまな候補地が、手近さという観点から比較判断されていることが、「で」の自然さを高めている。類例としては次のようなものが挙げられる。

四色ボールペンがデパートであるのはわかるよ。しかし、まさかこんな田舎の文房具屋であるとはね。

ここでは、デパートと田舎の文房具屋を、「都会度（期待される品揃えの規模）」という観点で比較判断していることが「で」を自然にしている。

このように、「で」には「ある程度の場所らしさが必要」「比較判断の文脈で自然になりやすい」といった特徴がある。これらの特徴は、さまざまな「で」の文の自然さに影響するので、時にはやっかいなこともある。

だが、そういったやっかいさに手を焼きながらも観察を進めていくと、初めに挙げたような「『北京』はいいが『庭』はダメ」といった例文ペアが浮かび上がってくる。これは、探索領域が未知であるほど、体験の文法が働き、状態はデキゴトとしてとらえられやすくなるということである。

3 頻度語

定延姓はめずらしいか

私の姓「定延」は、一応、めずらしい名字ということになっているらしい。人から、

定延なんて名字の人、めったにいないですよね。

などと言われることがある。

失礼な。定延姓の人間は「常に」おるわい。私がいま定延姓の人間として存在しているのは、定延姓が昔からずっと今日まで続いてきたからではないか——と怒っても、相手は面食らうばかりだろう。相手が言いたいのは、現在の社会という空間において、定延姓の人間が少数しかいないという、空間的な分布である。

定延姓を名乗る人間は、たとえば三〇〇年に一度ぐらいの割合でどこからともなく湧いて出てくるが、なぜか五〇年かそこらで、皆どこかへ消えてしまうので、結果として歴史を通してみれば、定延姓の人間は、ごく稀《まれ》にしか存在しない、というような時間的な分布ではない。

「めったに〜ない」ということばは、文字どおりには頻度、つまり時間的な分布を表す。だが、いまの例のように空間的な分布を表す場合に現れることもある。

「めったに〜ない」だけでなく、さまざまな頻度語がこの現象を起こす。例を挙げておこう。

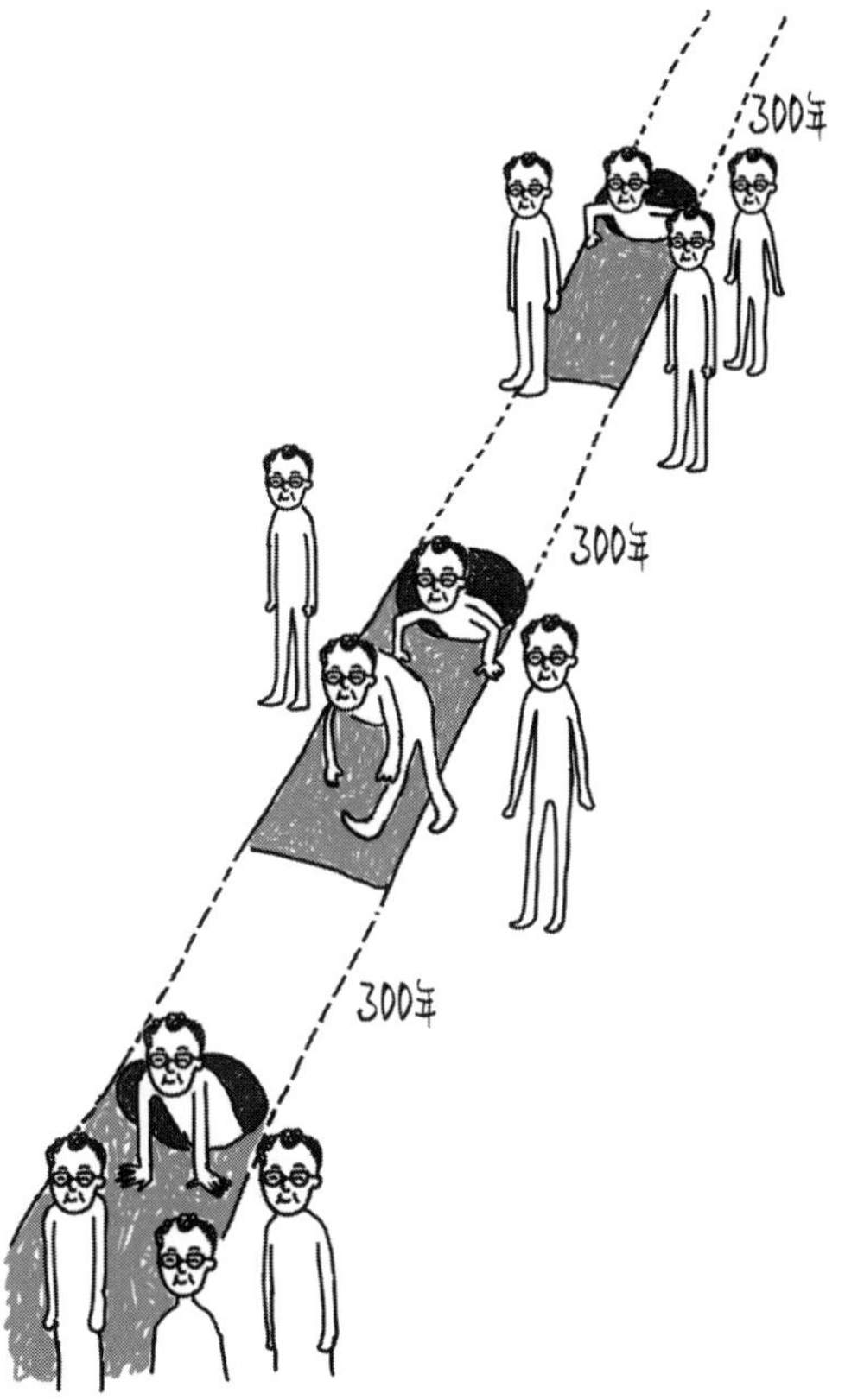

どんな反社会的な考えでも、行動に表わさなければ一向にかまわないと私は思う（そう思わないヘンな人も時にいる）。

池田清彦『他人と深く関わらずに生きるには』（二〇〇二、新潮文庫、九三ページ）

これは「生き方」をテーマに書かれた文章の一節であり、末尾近くに頻度語「時に」が現れている。ここで「時に」が表しているのは、「反社会的な思想は、行動に表さなくても、頭の中に持っているだけで問題だ」と考える人間（池田氏によれば「ヘンな人」）の時間的な分布ではない。ヘンな人は一三世紀前半、一六世紀後半、一九世紀後半に発生しており、それぞれ直後に絶滅しているが、歴史を通してみると、まったくいないわけではなく、稀には存在する、というようなことではない。ヘンな人は、おそらく昔から常に存在している。

「時に」は、ヘンな人が、現在の社会という空間に少しだけ分布しているということを表す。つまり空間的な分布である。

次は「たまに」の例である。

しかし、たまには愛称で呼ばれるのを嫌う人間がいるから注意が肝腎《かんじん》だ。

藤原正彦『若き数学者のアメリカ』（一九七七、新潮文庫、一六二〜一六三ページ）

これは、アメリカ留学の体験を語った文章の一節である。

ここで述べられているのは、「アメリカの人間は愛称で呼ばれるのを好む」という原則には少数ながら例外があるということである。

この「たまに」は、愛称で呼ばれるのを嫌う人間が、現在のアメリカ社会という空間に少なく分布しているということを表す。つまり空間的な分布である。

これまでに挙げた「めったに〜ない」「時に」「たまに」は低頻度のことばだが、高頻度のことばも、空間的な分布を表すことがある。小説から例を挙げる。


ああ云う風な、馬鹿に肌触りのよい人は、気むずかし屋の半面を持っていて、細君などには辛《つら》く当るような例が多い、殊《こと》に華族の坊ちゃんなどにはよくそう云うのがあるようだから、そう頭から惚《ほ》れ込んでしまう訳には行かない

谷崎潤一郎『細雪』下巻（一九四七〜一九四八、新潮文庫、三二五ページ）

これは「御牧《みまき》実という人物をどう思うか」と妻（蒔岡幸子《まきおかさちこ》）から聞かれて夫（蒔岡貞之助《まきおかていのすけ》）が答えるセリフの一部である。

ここでもやはり、外面はよくて内面は気むずかしい人間が、華族の坊ちゃんなどには多いようだと

いう、空間的な分布を表す際に頻度語「よく」が現れている（ここでは「華族の坊ちゃんなど」の集合を空間としておく）。

この他にも、

列車に乗っても、なにしろ田舎だから無人駅がしょっちゅうあるわけよ。

と、無人駅だらけであることを頻度語「しょっちゅう」で言うこと、さらに、

この本、ときどき間違いがありますよ。

のように、本のあちこちに分布する間違いを頻度語「ときどき」で言うことなど、類例は多く、頻度語による空間分布表現は「めずらしくない」。

頻度語は頻度語である

頻度語による空間分布表現、といっても、これはあくまで表面的な印象に基づく便宜的な言い方にすぎない。

頻度語はやはり頻度、つまり時間的な分布を表すのであって、それが空間的な分布を表すのは、結果としてそう見えるだけである。

「視野」という考えを取り入れて、このことを説明しよう。

人間は皆、自分が見たり聞いたりしてとらえられる領域を持っている。この領域をここでは「視野」とたとえて呼んでおく。

目の前にあるテーブルや店内を流れているBGM、同席者の香水の香り、まだ口の中に残っている昼食の味、先週のスキー以来いまも続いている足首の痛みなどは視野にある。

インターネットやテレビで遠くの様子を知るなどして、視野は拡張されることもある。

ある人間の視野はその人間と共に移動する。視野は人間が生きている間じゅう（少なくとも意識のある間じゅう）続く。

最初に挙げた「定延なんて名字の人、めったにいない」を例にとれば、これが文字通り表すのは「［われわれの視野内に定延姓の人間がいる］という状態がめずらしい」という時間的な分布である。

それが結果的に、定延姓の人間の少なさに結びつくだけである。

北京と近所

だが、頻度語が空間分布を表現するという現象は、「視野」の考えだけで完全に理解できるわけではない。この現象には、探索という観点から考えていかねばならない面がある。

たとえば、「レストランがあちこちにある」ということを言おうとした、次の二文を見てみよう。


なんか、レストランがしょっちゅうあるね。

うちの近所にはレストランがしょっちゅうある。


北京を観光旅行中の人間が、移動する観光バスの中から北京の街を見て、同乗者に向かって話しかける文として、第一文は特に不自然ではないだろう。

これに比べて、自宅付近にはレストランがあちこちにあるということを述べようとした第二文は、あまり自然ではない。

両者の違いは、「北京の街は広大な未知の空間だが、自宅の近所は狭く、よく知られた空間である（本当は知らなくても、他人に話す場合にはふつう熟知した空間として話す空間である）」という違いである。

このように、頻度語による空間分布表現という現象が広大な未知空間を好むのは、そもそも頻度語が、デキゴトの実現頻度を表すことばだからである。

「レストランがある」といった状態は、知識として表現されれば、ただの状態でしかないので、頻度表現とは合わない。

状態は、体験として認められた場合にかぎって、体験の文法によってデキゴト扱いされ、頻度表現となじむ。

状態が体験として認められるには、語るに足るような面白い体験である必要がある。

具体的には、ワクワク型やヒリヒリ型（次章）という典型的な面白体験に近いものである必要がある。

そして、広大な未知空間である北京の探索を中核とする体験と、自宅の近所の探索を中核とする体験と、どちらがワクワク型に近いかといえば、答は明らかだろう。

頻度語による空間分布表現という現象では、頻度語は、探索領域を一瞬一瞬ミクロ探索中に、「自分の視野にモノ（たとえばレストラン）が存在する」というデキゴトが実現する時間的分布を表している。

本当にこわいところ

頻度語による空間分布表現という現象が探索に基づいていることは、「モノの分散の必要性」という点でも確認できる。

たとえば遊園地で、ジェットコースターに初めて乗って、コースを一周したとする。

そのコース中、本当にこわいと感じるところがところどころ（仮に三カ所）あったとしよう（図1上）。

この場合、

本当にこわいところもときどきあったけど、まあ楽しかった。

などと言うことは特に不自然ではないだろう。ここでは、「ところどころ」という空間的分布が「ときどき」と表現されている。つまり頻度語による空間分布表現が生じている。

ところが、本当にこわいところは一カ所だけだったが、サービスで三周ノンストップで乗せてもらったという状況では(図1下)、この文は不自然である。全行程(三周)において、本当にこわいところは、やはり三カ所であったにもかかわらず、である。

つまり、モノ(本当にこわいところ)がコース中に分散せず、一カ所に集中していたのでは、頻度語による空間分布表現という現象は成り立たない。なぜだろう。

この問題も、ただ「視野」という考えを導入しただけでは説明できない。「探索」という考えが必要である。

実は、モノの所在が一カ所で分散していないこと自体が悪いのではない。

悪いのは、周回を重ねることである。

二周目以降は一周目の反復で、コースに対する探索とは考えにくいからである。

図1　ジェットコースターのコースにおける、本当にこわいところの分布

ここでは、頻度語がワクワク型の体験と関わっていることを観察した。探索領域が未知であるほど、体験の文法が働き、状態はデキゴトとしてとらえられやすくなるということは、先ほど取り上げた「で」の場合と同じだったが、頻度語にも頻度語なりの、固有の特徴（ミクロ探索）があるということもあわせて見た。

「いきなり」

なお、「いきなり」のような、頻度語ではないが、デキゴト表現を修飾する副詞にも、ワクワク型の体験の影響を見ることができる。次の文章は小説の一節で、ある部落からの脱走をはかった男が、砂丘を歩いていて、コースどりの誤りを悟る場面である。

何んだ、これは！……男はうろたえた、頭から地面に、つっ伏した……あまりの唐突さに、すぐには事情が飲み込めない……いきなり、部落の全景が、目の前にあったのだ！……部落に接した砂丘の峰に向って、直角に歩いて来ていたらしい……

安部公房『砂の女』（一九六二、新潮文庫、二一五ページ）

最後から二番目の文は、より一般的には「いきなり、部落の全景が、目の前に現れたのだ！」とでもなるところだが、「現れた」というあからさまなデキゴト表現の代わりに「あった」という状態表現が使われている。

これは、「部落の全景が、目の前にある」という状態が体験の文法によって、男が体験したデキゴトとして扱われているということである。

「ここはどの辺だ」という、砂丘を探索領域とする男の探索が強くイメージされれば、このような表現になるのだろう。

4 「ばかり」

機体の傾き

操縦士は倒れた。副操縦士はいない。

飛行機はますます傾いていく。

操縦経験のない乗客が、決死の思いで床を這《は》って操縦パネルに向かい、震える指であるボタンを押してみる。

どうだろう。うまくいくだろうか？

乗客は固唾《かたず》を呑んで機体を見守る。だが――

ボタンを押しても、機体は傾くだけだ。

ボタンを押しても、機体は傾くばかりだ。

このような乗客の意識を臨場感たっぷりに表すのは、「だけ」の文ではなく、「ばかり」の文だろう。

限定を表すことばは「だけ」「しか～ない」その他いろいろあるが、その中で「ばかり」は、体験と深く関わるという特徴を持っている。（ここでは「五分ばかり彼と話した」「いまにもつかみかからんばかりの勢い」などの「ばかり」は扱わず、限定表現の「ばかり」に話を絞る。）

「もてる」と「こだわる」

ここではまず、「ばかり」が複数回の同種の体験を必要とすることを観察してみよう。

いまの例なら、

「ボタンを押した後、どうなるかと思って見守ると、機体がさらに傾く」
「もうそろそろ何か起こるのではないかと思って見ると、機体がさらに傾く」
「もうそろそろ何かと思ってみると、機体がさらに傾く」……

というような、結果として機体の傾きを見いだす、その意味で同じ種類と言える体験を乗客は何回も繰り返すことになるが、まさにその体験群が「ばかり」の意味の本質だ、ということである。

たとえば、犬が一匹映っている写真を、続けて三枚見たという場合、

犬ばかりだなあ。

と言うことは自然だろう。もっとも、

犬ばっかりだなあ。

のように、「ばかり」に促音「っ」を入れるほうが自然と感じる人もいるかもしれないが、促音の有無によるニュアンスの違いはこの本の射程を越える。以下では「ばかり」「ばっかり」をいちいち書き分けず、適宜どちらか一方で代表させて書くことにする。

ところで、三匹の犬がじゃれ合っている一枚の写真を一目見たという場合は、「犬ばかりだなあ」とは言いにくい。

どちらの場合も、犬を合計三匹見たことに違いはないが、「どんな写真かと見てみて、結果として犬を見いだす」という探索を中核とする体験は、最初の場合は三回、二番目の場合は一回だけである。

このように、「ばかり」は複数回（より厳密には三回以上だがこの点は省く）の体験を必要とし、それらが同種の体験だというのが「ばかり」の意味である。

「ばかり」の意味に関わるのが複数回の体験であって、複数個のモノでないということには注意が必要である。極端を言えば、モノは一つでもいい。次の二文を比べてみよう。

一郎ばかり女性にもてる。
一郎ばかり過去にこだわる。

「もてる」の文と比べて、「こだわる」の文は不自然である。なぜか?

それは、「ある人間がもてるかどうか」は状況や相手によって変わりやすいのに対して、「ある人間が過去にこだわるかどうか」はかなり安定しているからである。

たとえば飲み仲間である店に行き、そこから次の店、さらに別の店へという具合に、状況や相手が変わればその都度、誰がもてるか探索してみることは自然である。

だが、過去にこだわる人はいつでもずっと過去にこだわる傾向があり、誰が過去にこだわるかを何度も探索してみることはあまり自然ではない。

「ばかり」は限定表現であり、限定するからには、母体は複数なければおかしい。だがこのように、「一郎がもてる」という結果をもたらす体験が複数回ありさえすれば、モノ(一郎)は一つでもいい。

のぼり坂と保冷室

複数回の体験どうしは、時間的に連続していてもよい。先ほどの「機体は傾くばかりだ」はその例である。

ただし、厳密にいえば、「どうだろう。あ、また傾いてる。ダメか。でも、もうちょっと待ってみよう。どうだろう。あ、やっぱりまた傾いてる」

というように、一つの体験（「どうだろう。あ、また傾いてる」）と、次の体験（「どうだろう。あ、やっぱりまた傾いてる」）は、若干の間（「でも、もうちょっと待ってみよう」と思っている間）で隔てられている。隔てられているからこそ、体験が複数回あるとも言える。

類例を挙げよう。私が勤務している大学は、駅から歩いて半時間ほどのところにあるが、ずっと一貫してのぼり坂であり、平地はない。

この大学を初めて訪れる人にとってみれば、駅から歩いても歩いてものぼり坂、あの角を曲がればもうそろそろ平地になるだろうと思えばまだのぼり坂、いくらなんでもあの林を抜ければと思っていてもやはりのぼり坂、ということになりかねない。

この場合、途中でダダをこねる発言として、

もー、やだァ。坂ばっかりじゃないですかァ。

などと言うことはできるだろう。

これも、「どうだろう。あ、また坂だ。まあ、あの角まで行ってみるか。どうだろう。あ、やっぱりまた坂だ」のように、一つの体験（「どうだろう。あ、また坂だ」）と次の体験（「どうだろう。あ、やっぱりまた坂だ」）は、間（「まあ、あの角まで行ってみるか」などの間）で隔てられている。

この間がなくなり、体験どうしが本当にギッチリと稠密《ちゅうみつ》に連続すると、体験が複数回繰り返されているのか、一つの体験なのか微妙になり、「ばかり」の自然さは低くなる。

たとえば、室温○度と定められている保冷室について、定められたとおりに、ちゃんと室温が○度になっているかどうか調べるとする。

「午前○時は○度」

「午前一時は○度」

「午前二時は○度」……

というような、一時間おきに測定した保温室の室温結果を見た場合なら、

○度ばかりだな。

と言うことができる。

だが、保冷室に備え付けられている温度計を、まんじりともせず二十四時間ながめ続けた後では、これは言えないだろう。

服屋の「見てるばかり」

以上、「ばかり」が複数回の同種の体験を必要とすることを見てきた。

ここで、体験の中核を占める探索の自然さに応じて、「ばかり」の自然さが変化することを見てみよう。

たとえば、服屋に一人の客が来るとする。

客はあっちの服をながめ、こっちの服をながめ、手にとってはまた棚に返して、いつまでもグズグズしている。

しつけの悪い店員たちなら、

あの人、見てるばかりで、何にも買わないね。

などと、小声で、あるいは聞こえよがしに、ささやき合うかもしれない。

さて、その客に、しびれを切らした店員が話しかけるとしてみよう。

店員：よろしければどうぞご試着ください。
客　：いえ、見てるばかりですから。

この客の返答は不自然である。自然な返答にするには、「ばかり」を「だけ」に変えて、「見てるだけ」にする必要があるだろう。

このように、他人のことは「あの人、見てるばかり」と言える一方で、自分のことは「見てるばかりです」と言えない。なぜか？

それは、私たちにとって、他人の挙動と自分の挙動が根本的に違うからである。

そもそも私たちには他人の心がわからない。

他人がいまから何をどうするかということは根本的にはわからない。したがって、

「何かするのではないかと思って見るが、服を見ている」
「そろそろ試着でもするのではないかと思って見るが、やはり服を見ている」
「もういい加減に買うだろうと思って見るが、やはり服を見ている」……

といった具合に、他人の挙動について繰り返し探索することは自然なことである。

これに対して、私たちは、自分がこれから何をするかということは、よくわかっている（本当はわかっていなくても、わかっているつもりになっている）。

そこで、自分の挙動について「私は何をするだろうか」と探索することは不自然である。「見てるばかり」と、他人については言えても、自分について言えないのは、このためである。

これまでに取り上げた「で」や頻度語と同様、「ばかり」もこのように、複数回の同種の体験が必要だという固有の特徴を持っているが、やはりワクワク型の体験と関わっている。具体的には、探索領域が自己の挙動ではなく、他者の挙動で未知であれば、体験の文法が働いて、文は自然になる。

5 「たら」

条件文の原則

たとえば次の条件文では、

明日晴れれば花見に行きます。

条件節（「明日晴れれば」）と帰結節（「花見に行きます」）で、それぞれデキゴト［明日晴れる］［花見に行く］が語られている。次もやはり同様で、

君が帰るなら僕も帰ろうかなあ。
彼の下宿に行ったらくわしい情報がわかるかもね。

条件節「君が帰るなら」「彼の下宿に行ったら」でデキゴト［君が帰る］［彼の下宿に行く］が語られ、帰結節「僕も帰ろうかなあ」「くわしい情報がわかるかもね」でデキゴト［僕も帰る］［くわしい情報がわかる］が語られている。

いろいろ例外はあるが、条件文ではこのように、条件節と帰結節で、それぞれデキゴトが語られるというのが原則である。

ここでは、「彼の下宿に行ったら」のように、条件節に「たら」が現れている条件文（「たら」条件文）を観察してみよう。

「天井が低い」と「天井が低かった」

次の二つの文を比べると、

彼の下宿は天井が低い。

彼の下宿に行ったら天井が低い。

最初の文と比べて二番目の文はあまり自然ではない。

これは、最初の文とちがって二番目の文が「たら」条件文で、いま述べた条件文の原則に違反しているからである。

条件節「彼の下宿に行ったら」ではデキゴト［彼の下宿に行く］が語られているが、帰結節「天井が低い」で語られているのはただの状態であり、デキゴトではない。

ところで、いま挙げた条件文を過去形にしてみよう。

彼の下宿に行ったら天井が低かった。

途端に、彼の下宿を訪ねて天井の低さを感じたという、かなり自然な文ができあがるではないか。

なぜ過去形にすると自然さが増すのか？

それは、体験の文法は過去形で起動しやすいからである。多くの体験は語られるときにはすでに過去になっているため、体験談は過去形で語られやすいからである。

いまの文の場合、過去形の帰結節「天井が低かった」で語られているのは、ただの状態ではない。体験された一つのデキゴトである。条件文の原則「条件節でも帰結節でもそれぞれデキゴトが語られねばならない」に適合しており、問題はないということになる。

ただし、帰結節を過去形にしさえすれば、どんな条件文でも自然になる、というわけではない。たとえば、

ぼんやり寝ていたら彼の下宿は天井が低かった。

は不自然である。これは、条件節のデキゴト［話し手がぼんやり寝ている］と、帰結節のデキゴト［彼の下宿は天井が低い］とが、なんら関連していないせいである。また、

彼女の下宿と比べたら彼の下宿は天井が低かった。

は自然だが、これは最後の「天井が低かった」を「天井が低い」にしてもやはり自然である。つまり、過去形にすることで初めて自然になる条件文ではない。

過去形にすることで初めて自然になる条件文とは、次のようなものである。

見合い写真を見たら昔の恋人だった。
ドアを開けたら田中さんがいた。
原稿を調べたら間違いがあった。

これらの条件節では、
［見合い写真はどんな様子なのか（どんな相手なのか）探索する］
［ドアの向こうはどんな様子なのか（誰がいるのか）探索する］

［原稿はどんな具合なのか探索する］

といった探索があからさまに語られており、帰結節で述べられているのはその探索の結果である。

ワクワク型の体験として、帰結節の状態［昔の恋人だった］［田中さんがいた］［間違いがあった］がデキゴトとしてとらえられ、条件文の原則に適合するのは、そのためである。

これまでに取り上げてきた「で」、頻度語、「ばかり」とはちがって、「たら」条件文については「探索領域が未知であるほど～」という形こそとらなかったが、やはり探索を中核とするワクワク型体験の重要性を見たことに変わりはない。

条件文には「条件節と帰結節で、それぞれデキゴトが語られるのが原則」という特徴がある。帰結節がただの状態しか表さない「たら」条件文は、この原則に適合していないため、ふつう不自然である。だが、二つの要件がともに満たされたときにかぎり、この不自然さは解消する。

一つの要件は、帰結節が過去形になり、つまりいかにも体験談らしくなることである。だが、「たら」条件文が自然になるには、もう一つの要件も満たされなければならない。それは、条件節が探索をあからさまに語るということである。

6 「た」

いま「過去形にすると体験談らしくなる」と述べたことから想像できるように、体験と過去性は深く関わっている。最後に（主節の）「た」を取り上げておこう。

だが、そのことを見る前に、まず「た」の意味が、私たちが想像する以上に多くの場合、過去であるということについて、読者の理解を得ておきたい。

ピサの斜塔とおばあちゃん

二人の兄弟がタイムマシンを発明したとする。この二人の会話として、次のようなものが自然かというと、

兄：タイムマシンで六〇〇年前の世界に行って、ピサの斜塔で遊ぼうよ！

弟：そりゃあいいや！　ピサの斜塔って、いまから六五〇年前にできたんだよね。六〇〇年前なら

　ピサの斜塔も築五〇年で、新しかったからね。

実は「不自然」と感じる人が多い。むしろ、最後のところの「た」を消して、

兄：タイムマシンで六〇〇年前の世界に行って、ピサの斜塔で遊ぼうよ！

弟：そりゃあいいや！　ピサの斜塔って、いまから六五〇年前にできたんだよね。六〇〇年前ならピサの斜塔も築五〇年で、新しいからね。

のように、非過去形「新しい」にするほうが自然だと感じられやすい。［ピサの斜塔が新しい］というのは、過去（六〇〇年前）のことであるにもかかわらず、である。

このように、過去に成立したことだからといって、「た」がいつも自然になるわけではない。ところで、これと同じことが次の会話には生じない。

兄：タイムマシンで一〇年前の世界に行って、おばあちゃんと遊ぼうよ！

弟：そりゃあいいや！　一〇年前ならおばあちゃんも元気だったからね。

この会話の「〜元気だったからね」はかなり自然で、むしろ非過去形の「〜元気だからね」のほうが不自然と判断されがちである。

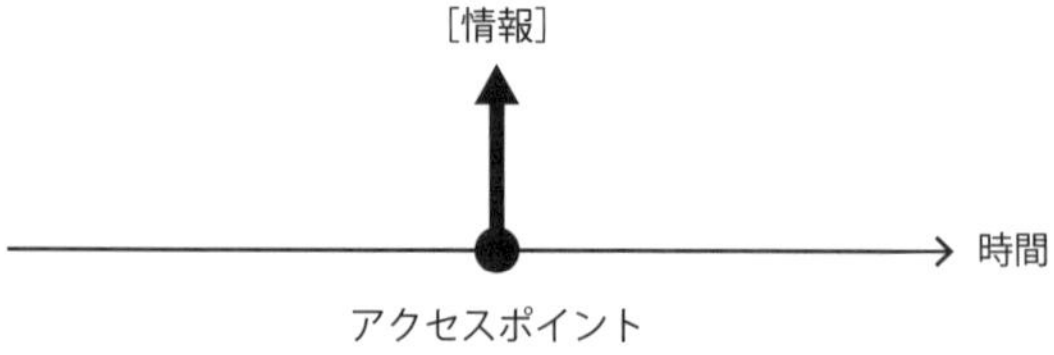

図2　情報のアクセスポイント

ピサの斜塔とおばあちゃんで、何が違うのだろうか？

情報のアクセスポイント

ここで、「情報のアクセスポイント」という考えを取り入れてみよう。なんらかの情報（概念やメッセージ）をことばで表現する際には、棒読みなどの特殊な場合を除けば、話し手はその情報を脳裏に浮かべる必要がある。情報を脳裏に浮かべるには、話し手は心内でその情報にアクセスしなければならない。

ここで言う情報のアクセスポイントとは、話し手が情報にアクセスするための、時間軸上のよりどころである。話し手は発話内容や状況に応じて、時間軸上のいずれかの時点を最適なアクセスポイントとして選び、そこを通じて情報にアクセスする（図2）。

ピサの斜塔の例で弟が表現しようとしている情報［六〇〇年前ならピサの斜塔は新しい］は、過去の事物（六〇〇年前のピサの斜塔）に関する知識でもあり、また現在成り立っている知識でもある。

したがって、この情報はアクセスポイントとして、現在と過去（六〇〇年前）という二つの点を持つ。本来はそうである（図3）。

話し手が現在のアクセスポイントを選べば、文は「六〇〇年前ならピサの斜塔も新しいからね」になる。過去のアクセスポイントを選べば、文は「た」が入って「六〇〇年前ならピサの斜塔も新しかったからね」になる。つまり、「た」は、情報のアクセスポイントが過去であることを表す。

ところで、この兄弟だけでなくたいていの人間にとって、六〇〇年前のピサの斜塔の様子は、六〇〇年前といえばたちまち「ピサの斜塔はこうこう」と思い当たるような、なじみ深いものではない。六〇〇年前のピサの斜塔の様子はせいぜいのところ、「ピサの斜塔の完成は今から六五〇年前だから、六〇〇年前というのは完成して五〇年しか経っていなくて……」のように、話し手が知っている、ピサの斜塔に関して現在成り立っているもっとメジャーな情報「ピサの斜塔は今から六五〇年ほど前に完成」から推論される情報でしかない。

これは、六〇〇年前という時点は、ピサの斜塔の情報にアクセスするためのアクセスポイントとして、あまり有効でないということである。

六〇〇年前のピサの斜塔に関する情報は、「六〇〇年前の時点」というアクセスポイントからアクセスするよりも、むしろ「現在の時点」というアクセスポイントからのほうがアクセスしやすい。したがって「〜新しいからね」は自然さが高く、「〜新しかったからね」は自然さが低い（図4）。

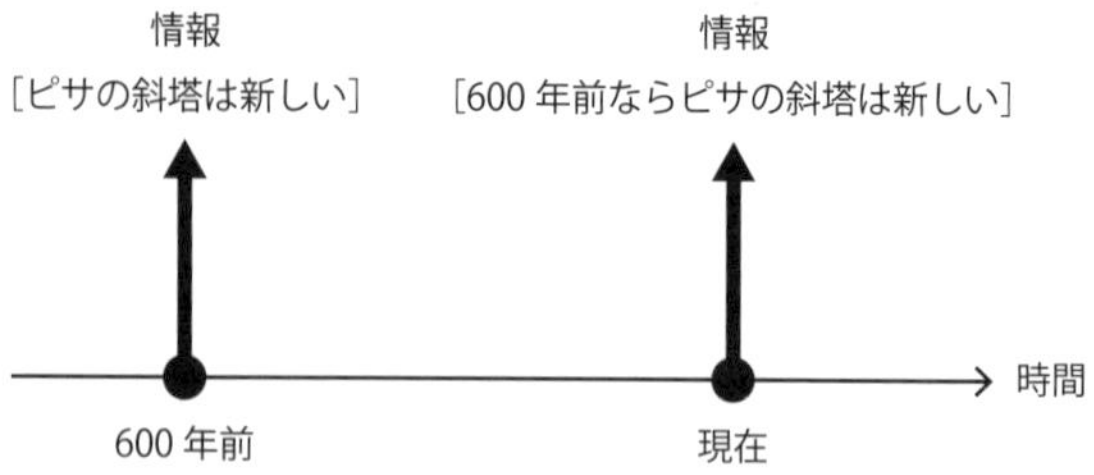

図３　ピサの斜塔の例のアクセスポイント

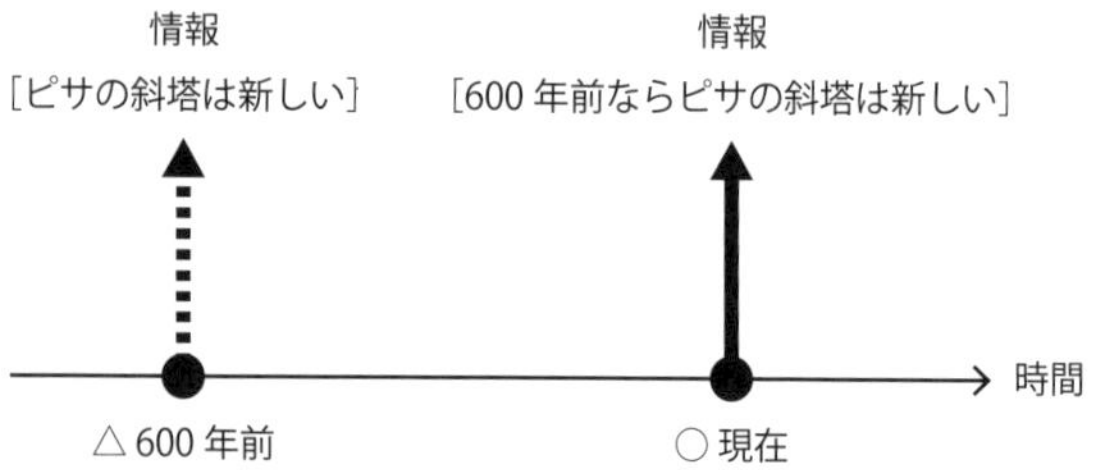

図４　600 年前のピサの斜塔の様子は、600 年前（過去時点）をアクセスポイントとしてすぐに思い当たる情報ではないため、アクセスポイントとしては現在時点のほうが好まれる。

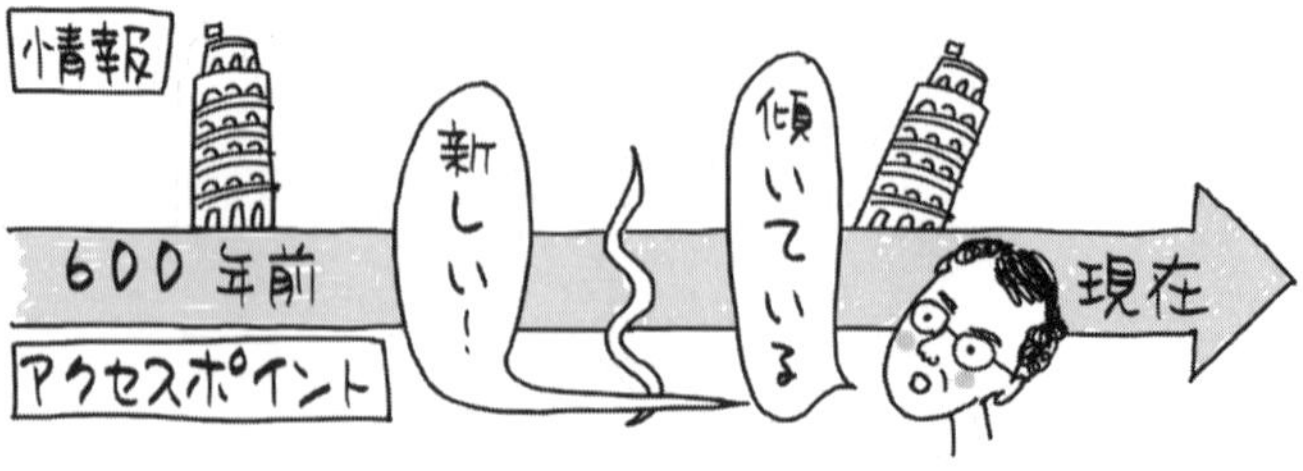

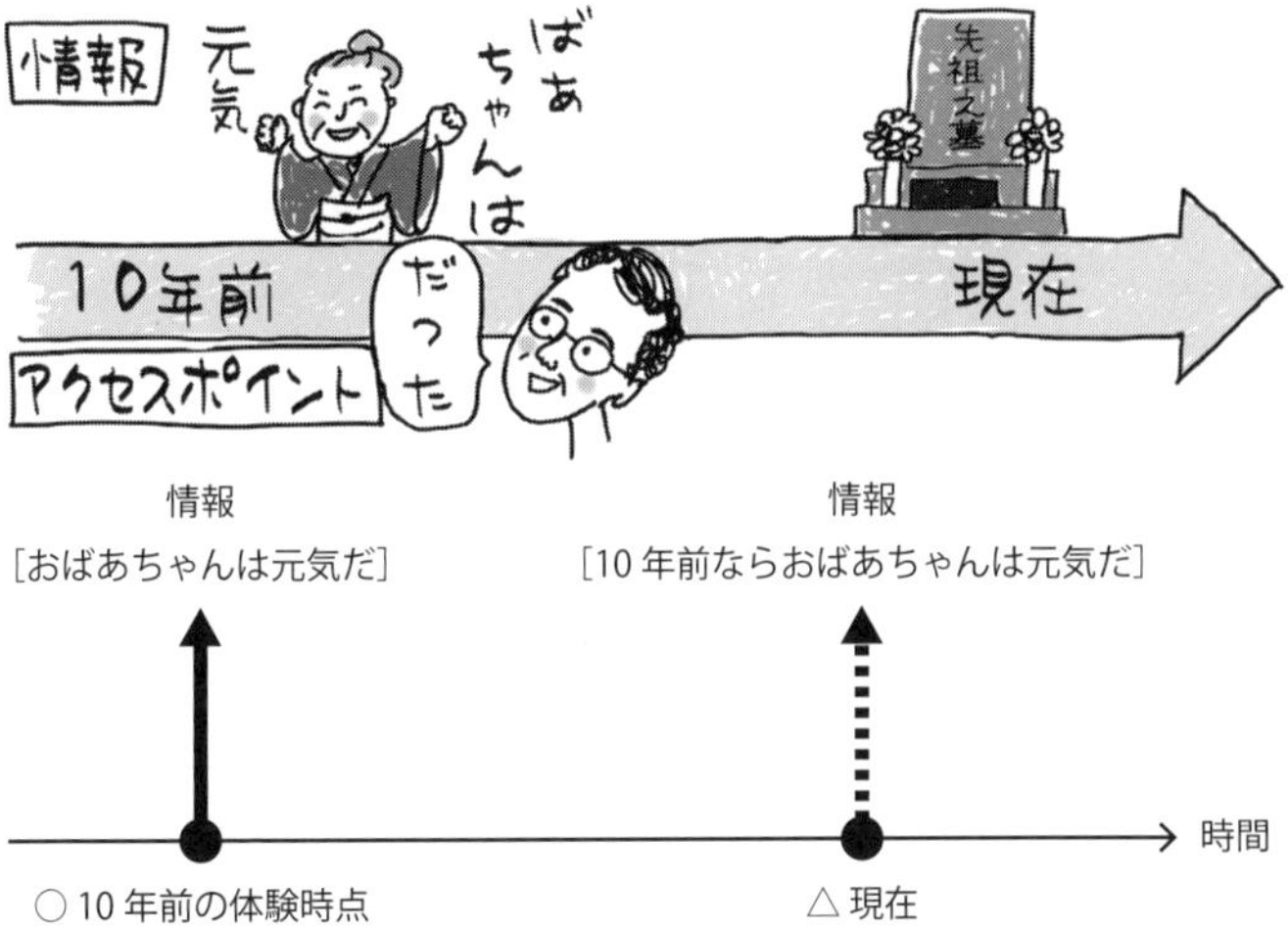

図５　10年前のおばあちゃんの様子は、10年前におばあちゃんと遊んだなどの体験時点（過去時点）をアクセスポイントとしてすぐ思い当たれる情報である。

では、おばあちゃんの場合はどうなのか？六〇〇年前のピサの斜塔の新しさとは異なり、幼い頃に祖母と遊んだなど、ＡとＢが一〇年前の祖母の様子を直接見て体験しているという想定は十分自然である。

この想定のもとでは、一〇年前のおばあちゃんの様子は、一〇年前におばあちゃんと遊んだなどの体験時点（過去時点）をアクセスポイントとしてすぐ思い当たれる情報である。

むしろ、自分が体験したのに、その体験をさしおいて「おばあちゃんが入院したのは今から七年前で、一〇年前といえば入院の三年前だから……」のように理屈で考えるという想定のほうが冷たく、不自然に感じられがちである（図５）。

そこで一〇年前の体験時点がアクセスポイントとして選ばれ、アクセスポイントの過去性を表す「た」が付いた「一〇年前ならおばあちゃんも元気だった」が自然な体験談になる。

結局のところ、ピサの斜塔の例では、問題の情報（「ピサの斜塔は新しい」）が話し手心内で過去の時点（六〇〇年前）にしっかりリンクされていない。

そのために、その時点からその情報にはアクセスしにくく、アクセスポイントとしては別の時点（現在）が選ばれやすい。

次に取り上げる、思い出しの「た」についても、ほぼ同じことが観察できる。

思い出しの「た」

ある人物の電話番号がすぐ出て来ず、思い出そうとする場合、次のような「た」の文が自然になる。

あの人の電話番号はこの番号だったかなあ。

この文では、問題になっているのは、過去の情報とは限らない。

「あの人」の過去の電話番号ではなく、現在の電話番号を思い出そうとしているのかもしれない。

この点でこの文は、ピサの斜塔の例と異なっている。

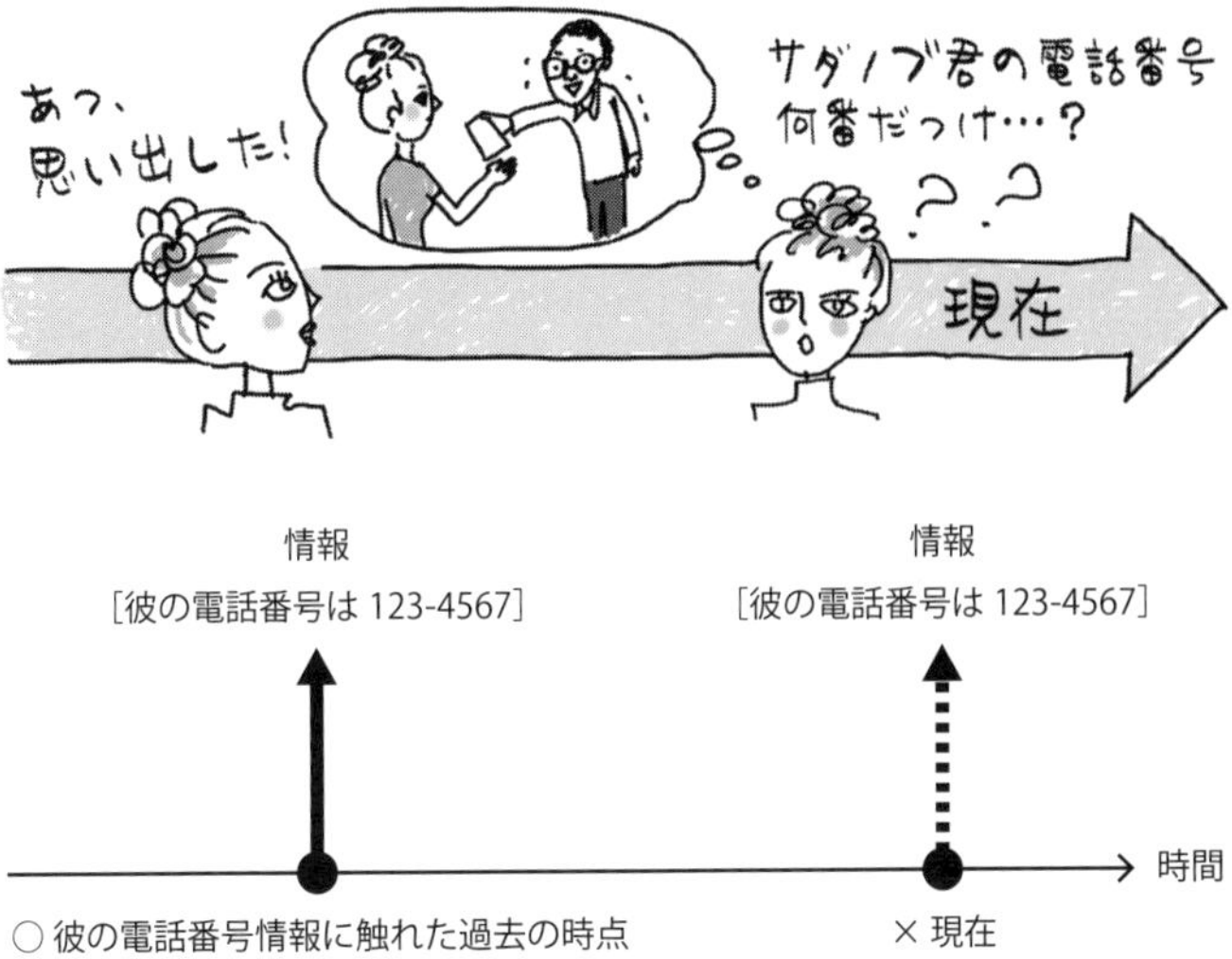

図6　思い出しの「た」は話し手が知識情報に触れた時点が過去であることを表す。

だが、彼の電話番号がいますぐ脳裏に浮かばない、つまり情報がすんなりアクセスしにくいという点では、ピサの斜塔の例（六〇〇年前と言われてもピサの斜塔の様子がピンと来ない例）とよく似ている。このような「た」は便宜的に、思い出しの「た」と呼ばれることがある。

情報（その人物の電話番号）がすぐに脳裏に浮かばないということは、現在というアクセスポイントがうまく働かないということである。

そこで、その情報に触れた過去の時点（これまでに彼の電話番号を見たり、思い浮かべたりした時点）が次善のアクセスポイントとして選ばれる。このアクセスポイントは過去なので「た」が用いられる。それがこの「た」である（図6）。

次に挙げる反実仮想の「た」にも、やはり似たことが見てとれる。

現実に反する仮定

現実にはこの仕事がある。
そう、たしかに引き受けた。
あのときは「大したことない」と思って、軽いノリで引き受けてしまったのだ。
ところが実際にやってみると、これがけっこうキツいし時間がかかる。
あーあ。
もともと明日は釣りの計画立ててたのになあ。

などと、その仕事を引き受けなかった反現実世界を夢想し、ひとりごちる発言として、

この仕事がなければ、明日は釣りに行ったのになあ。

は、特に不自然ではないだろう。
この文では、明日のことが「明日は釣りに行ったのに」と、「た」で表されている。この「た」のように、現実に反する仮定をすると、過去でなくても出てくる「た」があり、これは便宜的に、反実仮想の「た」と呼ばれることがある。

ところで、反実仮想であれば必ず反実仮想の「た」が自然かというと、実はそうではない。「この仕事があるから明日は釣りに行かないつもりだ」と言う超まじめ人間の発言に驚いたという場合、その驚きのきもちを次のように表現することは自然だが、

私があんたなら、明日は釣りに行くのになあ。

そこに「た」が現れると不自然である。

私があんたなら、明日は釣りに行ったのになあ。

このように、反実仮想であるからといって、いつでも「た」が自然になるわけではない。

運命の分岐

反実仮想には二種類がある。

一つは、「私があんたなら」というような、実現可能性がそもそもまったくない、ファンタジックな反実仮想である。

もう一つは、実現可能だったが、たまたま実現しなかった反実仮想である。「あのとき、田中がボールを落とさなければ」などの反実仮想はふつうこれにあたる。

実現可能性がそもそもない反実仮想とはちがって、実現可能だったが実現しなかった反実仮想は、図7のような、「運命の分岐」という構図でとらえることができる。

この図では、野球の試合中、敵チームの打者が打ち上げたボールが、守っていた田中のグローブにおさまるかに見えた過去の一時点が運命の分岐点として描かれている。

この分岐点において、現実世界には二つの進展の可能性があったとされている。

一つは、田中がうまく捕球し、落球しないという可能性であり、もう一つは田中が捕球できず落球するという可能性である。

現実には後者の方向に世界は進み、田中の落球が生じているとしよう。そして話し手はその現実世界から、「あのとき、田中がボールを落とさなければ……」のように、田中の落球が生じなかったという別の世界のなりゆきに言及している。

ところで、別の世界のなりゆきに言及するには、別の世界をイメージする必要がある。

その世界が現実世界と、もともと同じ世界であり、途中で現実世界と分岐したものであれば、アクセスポイントとしてその運命の分岐点が選ばれることは自然なことだろう。反実仮想の「た」は過去を意味しており、この運命の分岐点が過去であることを表している。

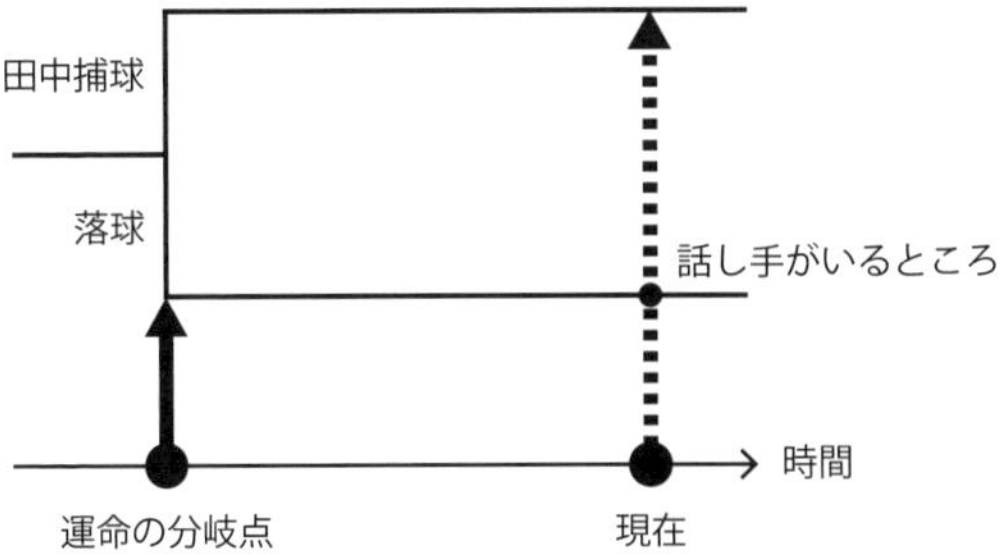

図７　運命の分岐の例「あのとき、田中がボールを落とさなければ……」

先ほど挙げた二つの文を振り返ってみよう。

この仕事がなければ、明日は釣りに行ったのになあ。

私があんたなら、明日は釣りに行ったのになあ。

第一文が自然なのは、話し手が現実世界（たとえば上司から急に持ちかけられた仕事を引き受けた結果、仕事があり、明日は釣りに行かないという世界）とは異なる世界（仕事を断った結果、仕事はなく、明日は釣りに行くという世界）に言及するために、過去における運命の分岐点（上司からこの仕事を持ちかけられた時点）をアクセスポイントととらえる、という想定が自然だからである。

これに対して第二文が不自然なのは、「私があんたなら」という反実仮想がそもそも実現可能性を持たないために、運命の分岐という構図ではとらえられないからである。

アバディーン問題1

香港で、アバディーンというところが面白そうだから、アバディーンに行ってみようと、適当そうなバスに乗ったものの、バス停の標識や車内放送が中国語（それも南方方言）でさっぱりわからない。手持ちのガイドブックには「アバディーン」（Aberdeen）とあるだけで、中国語名は書かれていない。

先ほどたまたまたどり着いたスタンレー（Stanley）はなぜか〝赤柱〟だった。英語名から中国語名がわかる、あるいは中国語名から英語名が推測できる可能性は、少なくとも我々にはなさそうだ。

他の乗客に聞いてみようか。いや、ことばが通じるとは思えないし、だいいち、運転手も含めて、みんなすっごくこわそうではないか。どうしよう――と、バスの中で途方にくれる二人の気の弱い日本人がいるとする（この話は一応フィクションである）。

アバディーンはどの停留所だろうかと話し合ううちにも、バスはいくつもの停留所をどんどん過ぎていく。

このとき、一人がもう一人に、

アバディーンって、ひょっとして二つ前の停留所だったんじゃない？

と、「た」の文を発することは自然だろう。

ところが、この文の「二つ前」を仮に「二つ先」にすると、

アバディーンって、ひょっとして二つ先の停留所だったんじゃない？

「た」の文は不自然になる。

このように「前」と「先」で自然さが違うのはなぜだろうか？

先ほどの反実仮想の例とは少し違っているが、この問題も、運命の分岐点をアクセスポイントと考えることで説明がつく。

バスがそれぞれの停留所に到着するごとに、話し手たちには「そこでバスを降りる／降りない」という選択肢が開かれるので、話し手たちの運命はその都度分岐し、図8のようになる。「ひょっとして、二つ前の停留所が正解でアバディーンなのでは？」という思いには、二つ前の停留所でバスを降りなかった現実世界から、そこでバスを降りた反現実世界の成り行きをながめやろうとする思いがしばしば重なる。

その場合、二つ前の停留所にバスが到着し「そこでバスを降りる／降りない」という選択肢が生まれた運命の分岐点がアクセスポイントとして選ばれることになる。「た」が自然なのは、このアクセスポイントが過去だからである。

それに対して、二つ先の停留所の場合に「た」が不自然なのは、そこにはまだバスが到着しておらず、アクセスポイントとして過去の運命の分岐点がどこにもないからである。

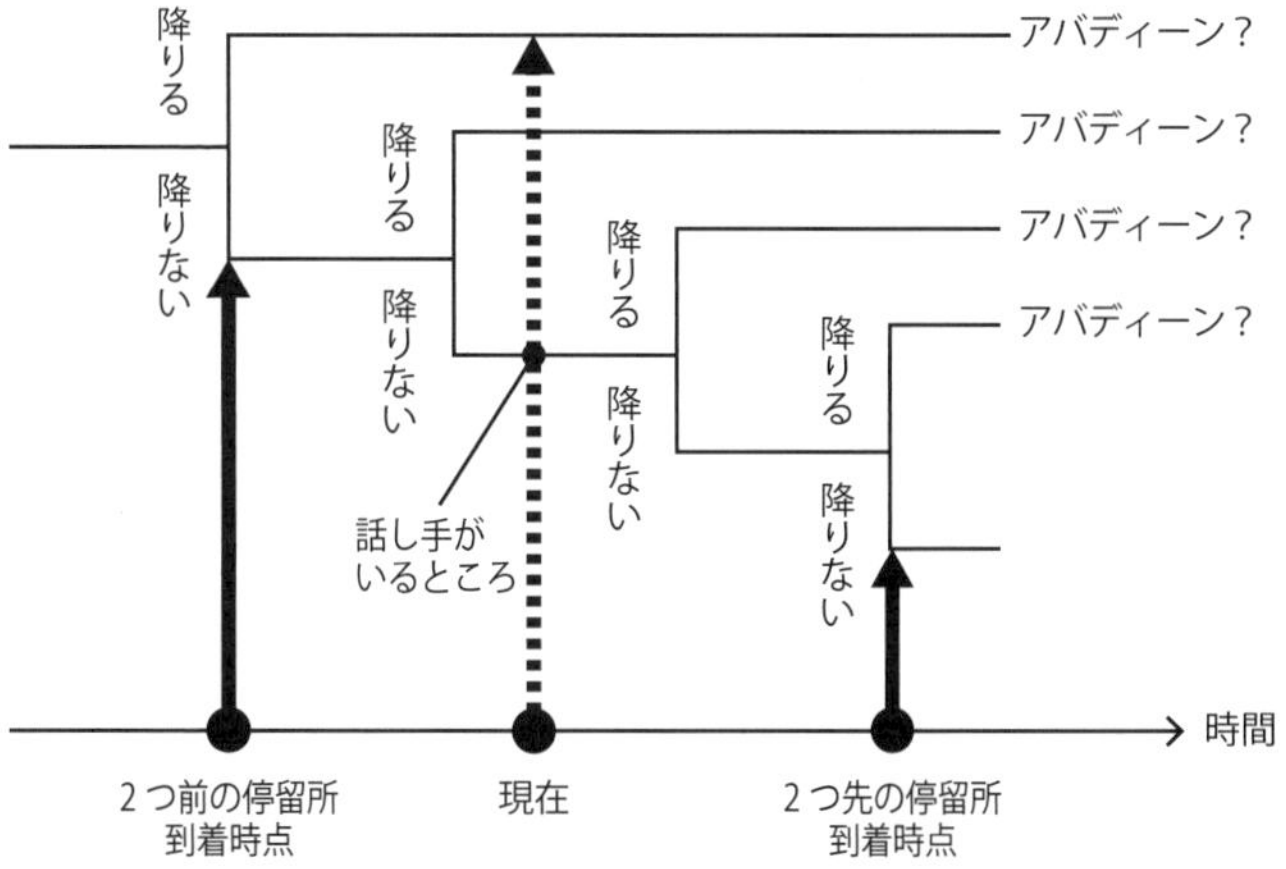

図8　アバディーン問題1における運命の分岐

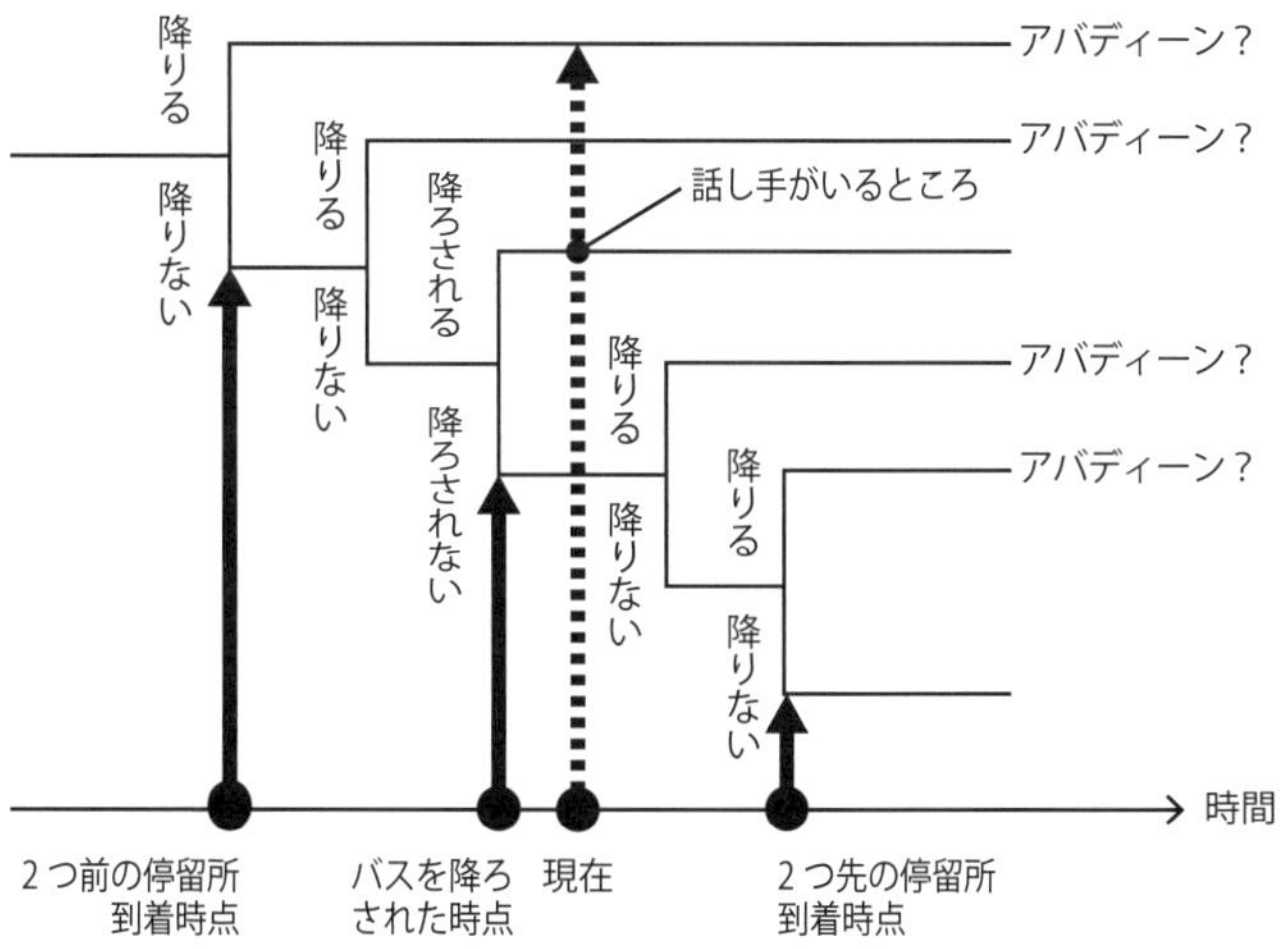

図9　アバディーン問題2における運命の分岐

アバディーン問題2

「アバディーン、わかんないねー」

「ガイドブックにアバディーンって書いてるぐらいだから、大きい停留所だよね」

「あ、この中国語アバディーンじゃない？　ほら、ア、バ、……無理か」

何度も「アバディーン」の名を口にする二人の様子から状況を悟り、「あんたら路線を完全に間違えてるよ」と言おうとしたものか、あるいは日本人が気に食わなかったのか、あるいはもっと別の事情によるものか、バスが突然止まってドアが開き、運転手がこちらを振り向いて、なにごとかどなりながら手真似で「降りろ」と指図してくる。

こうして二人はバスから道ばたに降ろされてしまったとしよう（一応フィクションである）。

この場合、走り去るバスを見ながら、一人がもう一人に、

こわかったね～。ところでさ、アバディーンって、ひょっとして二つ先の停留所だったんじゃない？

などと言うことはできる。たとえ、アバディーンに行くことを話し手たちがまだあきらめていないとしても、である。つまり「二つ先」でもバスを降りれば「た」の文は自然になる。なぜだろう？

この状況では、二人は途中でバスを降ろされている。たとえ次のバスを待ってアバ

ディーン探しを再開するにしても、これはアバディーン探しを妨げる一大事件であり、運命の分岐点と言える（図9）。

そこで、バスを降ろされなかった反現実世界の情報として、情報「二つ先はアバディーンだ」にアクセスする場合、バスを降ろされた分岐点がアクセスポイントになる。「た」の文が自然なのは、このアクセスポイントが過去だからである。

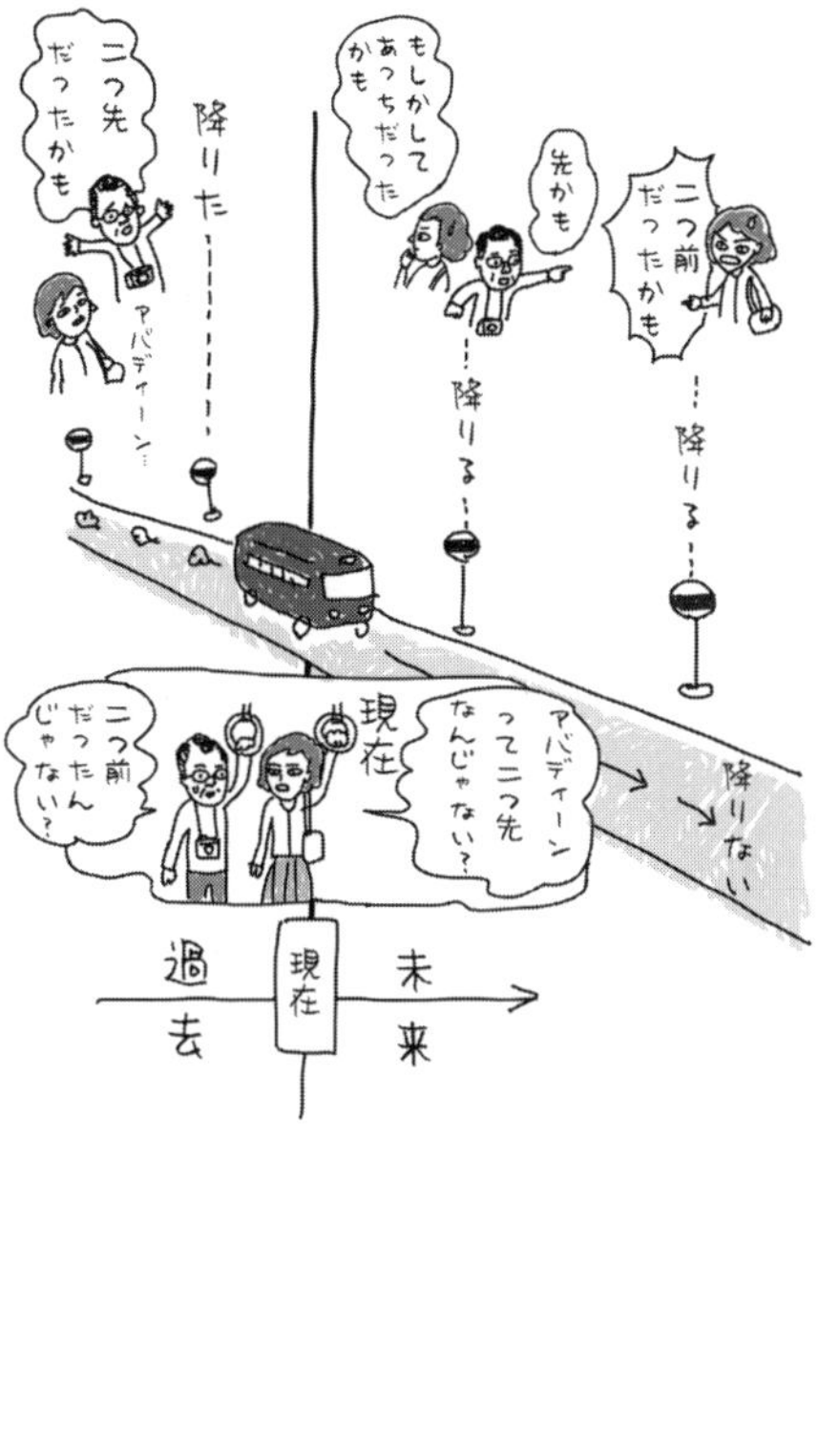

以上、ピサの斜塔の例を皮切りに、電話番号の例、釣り行きの例、アバディーンの例などを見てきた。そこでわかったのは、過去の情報でも「た」は不自然になり得るということであり（ピサの斜塔の例）、また、思い出しの場合に「た」が自然になり得るということであり（電話番号の例）、さらに、反実仮想の場合に「た」が自然になり得るということである（釣り行き、アバディーンの例）。

こうやって書き出してみると、まるでこれらの「た」は過去を意味しておらず、「思い出し」や「反実仮想」といった、過去とは違う別の意味を意味しているかのようである。だが実際はまったく逆で、これらの「た」の意味はまさしく過去である。

というのは、たとえばピサの斜塔がおばあちゃんの例とどう違っていて、そのためどのように「た」が不自然になるのかということは、「た」の意味を過去と考えて初めて説明がつくことだからである。

電話番号を思い出す場合に「た」が自然になり得るのはそもそもなぜかということも同様だし、「私があんたなら」のように、運命の分岐の構図と合わなければ反実仮想でも「た」が不自然になるのはなぜかということも、また同様である。

アバディーンが「二つ前」とちがって「二つ先」なら不自然になるのはなぜか、バスを降りてしまえば「二つ先」でも自然になるのはなぜかということもやはり同じである。

これらは「た」の意味を「思い出し」や「反実仮想」と考えてしまうと説明がさっぱりできない。「た」の意味を過去と考えることで初めて説明の道が開ける。

ただし、その説明では、「事態が起きたのが過去」というような素朴な考えに代わって「選択されるアクセスポイントが過去」という新しい考えを取り入れる必要がある。

これは「た」に、アクセスポイントと関わるという特徴を認めるということである。

「た」と過去性の結びつきが、想像以上に強いということは、以上でおわかりいただけたかと思う。

大変長らくお待たせいたしました。

ではいよいよ、「た」と、ワクワク型の体験の関わりを見よう。

発見の「た」

次の文章は井伏鱒二の小説の一節で、生野という番頭が高沢という別の番頭の奇癖について述べているくだりである。

この男は、他にもまだ妙な癖がある。自分の持ってる銭を、人の知らない間に石崖《いしがけ》の穴かどこかに隠しておいて、「おや、ここに銭があった。こいつで一ぱい飲もう」と言って人に御馳走する癖がある。

井伏鱒二『駅前旅館』（一九五六〜一九五七、新潮文庫、一二三ページ）

ここで高沢は金を発見してみせながら、「おや、ここに銭があった」と、「た」の文を発している。「高沢番頭の発言は古く、芝居臭くてピンと来ない」という読者のために、作例も挙げておこう。ハイキングしている山の中で、思いがけずサルを見つけた場合の発言である。

うわー、すっごい紅葉じゃないですかーやっぱり来てみてよかったでしょー、どうです田中さん。ねー。騒音もないし、空気も綺麗だし、あ、見て見て。ほら、あんなとこにサルもいましたよ、どうですこれー。

ここで話し手は、サルを目にしつつ「ほら、あんなところにサルもいましたよ」と、「た」の文を発している。多少押しつけがましいところはあるが、こんな発言は特にめずらしくもないだろう。

このように、「銭がある」ということ、「サルがいる」ということが、いま目の前で成立しているにもかかわらず、発見のきもちに支えられて現れるように見える「た」がある。これは発見の「た」と呼ばれることがある。

ほくろの発見

では発見の「た」は、文字どおり「発見」のような意味を表すに違いないと、読者は思われるだろうか?

まさか、そうは思われないだろう。

なにしろ私たちは、ピサの斜塔からアバディーンまで、思い出しの「た」や反実仮想の「た」も含めて、さまざまな「た」の自然さ・不自然さを見てきたのだ。

そうしてそれらの「た」の意味が「思い出し」や「反実仮想」などではなく、「選択されるアクセスポイントが過去であること」だということをつぶさに見てきたのだ。

発見の「た」についても、やはり過去という、同じ考えで説明できないだろうかと思われるのが、読者として、いや、人として当然の反応というものだろう。そうでしょう。

この方向は実際アタリである。

たとえば通勤列車の中で、なにげなく見やった向かいの座席の人間の顔に、大きなほくろを見いだしたからといって、こっそりと、あるいは心内で、

あ、あんなところにほくろがあった！

などとつぶやくか。つぶやかない。少なくともそれは、

あ、あんなところにほくろがある！


より、ずっと変である。

このように、発見したからといって、「た」が自然になるとはかぎらない。発見の「た」は、「発見」というきもちを表すわけではない。

発見の「た」とは、ワクワク型の体験時点がアクセスポイントとして選択された場合の「た」であり、このアクセスポイントが過去であることを意味する。

以下、このことを具体的に見てみよう。

山中と庭

自宅の縁側に立ってふと庭を見たところ、思いがけずそこにサルを発見し、サルに気づかない家族の注意を喚起するという場合、

ほら、あんなところにサルがいるよ。

と言うのは自然だが、

ほら、あんなところにサルがいたよ。

と言うのは唐突で不自然である。少なくとも、山の中をハイキングしている場合と比べると自然さが落ちる。

山中をハイキングしていた場合も、自宅の縁側から庭をふと見た場合も、思いがけずサルを発見することじたいは違わない。

違うのは、探索が自然に想定されるかどうかである。

山中はよく知られていない領域で、「どんな様子だろう。見てやろう」という探索意識が生じやすい。

実際、ハイキングとは探索そのものである。

それに対して自宅の庭は、相対的によく知られていて探索領域になりにくく、ふと見たというだけでは探索意識が認められず、探索は想定しにくい。

先ほどのホクロにしても同様である。たまたま向かい側にすわった人間に対して「この人の顔はどんな顔だろう。見てやろう」と、探索意識を抱いて探索するというのは、ふつう不自然である。

害獣・害虫

もっとも、反例に見えるケースがないわけではない。

たとえば、自宅の庭の家庭菜園がしょっちゅうサルに食い荒らされて困っており、こんどサルを見つけたら空気銃で撃ってやろうなどとかねがね考えていたという場合なら、ふと見た庭にサルを発見した話し手は、サルを見ながら、

おーいサルがいたぞー。空気銃持ってきてー。

などと別室の家族に「た」の形で叫ぶことができるだろう。

だが、これは探索課題という考えで説明できる。

この場合「庭に害獣のサルはいはしまいか？」という探索課題が設定されているので、それだけ探索意識が活性化されやすく、サルの存在が探索という体験として表現されやすい。末尾の「た」が自然なのは、そのためである。

洗面所にゴキブリを発見し、「おーいゴキブリがいたあ。殺虫剤持ってきてー！」などと家族に言うことも同様である。

これはゴキブリがひどく嫌われる害虫であって、家の中にゴキブリがいないかと家族が常々（もちろん潜在的にではあるが）気をつけているという想定が自然だからである。

「いた」「大きかった」と思いまどい効果

山中をハイキングしている最中に巨大なサルを発見した話し手は、サルを見ながら、

大きい！

と言うことはできるが、

大きかった！

と、「た」で言うことはふつう不自然である。

もっとも、話し手がサルの大きさについて「この時期、この山のサルは大きいのではないか」「いや、小さいかもしれない」などと、サルを見る前に思いまどっていれば、

ほら、やっぱり大きかった！
なんだ、大きかった！

のように「た」は自然になる（これを「思いまどい効果」と呼んでおく）。

つまり、モノ（サル）が発話現場に存在していて、思いまどい効果もない場合は、問題の「た」は、存在文「ほら、あんなところにサルがいたよ」なら自然、存在文でない文「大きかった」なら不自然という、文型の違いがある。

このような文型の違いは、サルが現場からいなくなれば消えてしまう。

山を下りて、サルが視界からいなくなれば、その山にサルが存在することは、

あの山にはサルがいるよ。
あの山にはサルがいたよ。

いずれでも表現できるし、その山のサルが大きいことは、

あの山のサルは大きいよ。

あの山のサルは大きかったよ。

いずれでも表現できる。

では、モノが発話現場に存在している場合にかぎって文型の違いが生じるのはなぜだろうか？サルの存在も大きさも、話し手が発見することに変わりはない以上、「た」の意味を発見と考えても説明はむずかしい。では、アクセスポイントとして選択された体験（発見）の時点が過去であることだと考えればどうか。

山を下りて、サルがもはや発話現場にいない場合、自分が山で出会ったサルについての情報は、山を探索領域とするマクロ探索という体験として表現できる。（「マクロ探索」とその対極の「ミクロ探索」については38ページを参照されたい。）

マクロ探索は、一般に探索時間が長いので、モノの存在情報も、それ以外の情報も得ることができる。このことを反映して、マクロ探索を表現する場合は、特に文型の制約はない。

これとは対照的に、山中をハイキング中にサルを発見し、サルを目の前にしながら発話する（そして

その後もハイキングは続く）場合、そのサルに関する体験はミクロ探索である。

ミクロ探索は一瞬でおこなわれるので、一回のミクロ探索で得られる情報はそう多くない。発話直前のミクロ探索で得られる情報は、ごく基本的な情報にかぎられると考えても不自然ではないだろう。

ここで重要なのは、存在情報が、あらゆる情報の中で最も基本的な地位を占めているということである。私たちは（現実世界にであれ、夢の世界にであれ）存在しないサルについて大きさを語ることはできない。モノ（サル）の存在情報（「サルがいる」）は、モノ（サル）の情報のうち最も基本的な情報で、モノのアリサマ情報（「サルが大きい」「サルがかわいい」他）はすべて存在情報（「サルがいる」）を前提にしている。文型の制約はこれを反映したものと考えることができる。

では、発話現場にいるサルの大きさを、「なんだ、大きかった」「ほら、やっぱり大きかった」のように「た」の文で自然に表現可能にする思いまどい効果は、どこから生じるのか？

事前の思いまどいとは、探索課題の設定にほかならない。

モノのアリサマ情報は基本的な情報ではないので、ふつうは、発話直前のミクロ探索で得やすい情報ではない。だが、事前の思いまどいによって「この時期、この山のサルは大きいか？」という探索課題が設定されれば、サルの大きさに関する情報は話し手の心内で、それだけ優先度が高い重要情報となり、瞬時に取り出しやすくなる。

赤ん坊の笑いと漏水

それまで笑っていなかった赤ん坊が、何を思ったか、急に笑いだしたとする。いまも笑い続けている赤ん坊を目の前にしながら、

あ、赤ちゃん笑った。

と、「た」の文を発することは、特に不自然ではないだろう。

ところが、喫茶店に入り、席にすわったときには、足もとの床はまちがいなく乾いていたのに、友人との雑談に夢中になっているうち、気がつけばいつのまにか漏水で、床にはチョロチョロと水が流れているとする。このとき、いまも水が流れている床を見ながら、

あ、水が流れてる。

などとは言えるが、

あ、水が流れた。

と、「た」の文を言うことはふつう不自然である。

では、いまも笑っている赤ん坊について「あ、笑った」と言うことはなぜ自然なのか？
いまも水が流れている喫茶店の床について「あ、水が流れた」と言うことはなぜ不自然なのか？

これは、ミクロ探索の想定しやすさに応じて、存在文以外の文が自然になったり、不自然になったりするケースである。

赤ん坊と喫茶店の違いは、探索意識がどの程度自然に想定できるか、探索がどの程度自然に想定できるかの違いである。

赤ん坊の表情は、私たちが「赤ちゃんの機嫌はどうかな」などと気にかけることがよくあり、探索が想定しやすい。これに対して、喫茶店の床は乾いていて当たり前だし、そもそも乾いていることすら意識にのぼらない。

「喫茶店の床はどんな様子だろう。見てやろう」という探索意識は、あり得ないというわけではもちろんないが、一般的ではない。つまり、喫茶店の床を探索領域とする探索は想定しにくい。

もちろん、たとえば怪しい人物に、「おまえが今日行く喫茶店は、漏水事故により、床に水が流れるであろうと、わしは予言する」などと言われていた、あるいは、「おまえが今日行く喫茶店に、私の念力で漏水事故を起こし、床に水を流してみせよう」などと言われていたという場合なら、足もと

を流れる水を見ながら、

あ、本当だ。あいつが言ったとおり、水が流れた。

と言ってもいいだろう。

予言や予告を聞いた時点で「そんな馬鹿な。喫茶店の床に水が流れるものか」と反発しつつも、心内には「喫茶店の床に水が流れるか？」という探索課題がしっかり設定されてしまっているからである。

私たちがこの章で見たのは、「で」、頻度語、「ばかり」、「たら」条件文、「た」といったさまざまなことばが、それぞれ固有の特徴を持ちながらも、「未知の領域に対する探索の想定しやすさに応じて、自然になったり不自然になったりする」という共通点を持つことである。

つまり日本語の文法には、探索を中核とするワクワク型の体験と深く関わる部分があるということである。

「冒険譚を語るなら、ワクワクするような面白い冒険でなければ」という私たち一人一人のささやかな思いが、そこには積もりつもって凝固している。

だが、これで体験の文法がすべて明らかになったというわけではない。

ワクワク型の体験とは別に、ヒリヒリ型の体験も文法と関わる部分がある。

体験の文法の全貌を知るには、ヒリヒリ型の体験も調べなければならない。

第3章　ヒリヒリ型の体験

1　ヒリヒリ型の体験とは？

肉がねえ、もーホンマに、おいしーんです！
これはまちがいなくおいしい　うまいもんはうまいんですね
思いませんか　うまいもんはうまい！

うまいもんはうまい

これは民芸肉料理店「はや」のテレビＣＭで、笑福亭鶴瓶が焼き肉のうまさを語ったものである。ふた昔も前の、それも関西限定のものだが、いまだにネット検索すると、このＣＭについてのさまざまな書き込みを見ることができる。

肉がなぜどのようにうまいのかという説明は、ここにはない。あるのはただ「肉がうまい」という、圧倒的で抗しきれない感覚それだけである。

ヒリヒリ型の体験とは、このようなむき出しの感覚体験を、まだ薄皮も張っていない傷口が外気にさらされヒリヒリ痛む様子になぞらえて呼んだものである。

ヒリヒリ型の体験の中核にあるのは、体感である。
体感とは、「環境に対して働きかけ（たとえば焼き肉を食べ）、環境から理屈抜き、否応なしの強烈な情報（たとえば情報「すごくうまい」）を受け取る」というものである。環境から受け取る情報の強烈さを「体感度」と呼ぶ。
ワクワク型と同様、ヒリヒリ型の体験が語られることも日常めずらしくない。ワクワク型の例を挙げたのと同じ小説から、ヒリヒリ型の体験の例を挙げてみよう。

やがて広瀬川畔《かはん》の生家につき、重い感情を無理に運ぶようにして玄関をあけた。勝手知った家にあがると、茶の間に行った。障子があけはなされた向うに庭の緑が眩《まぶ》しかった。昼は睡り夜は酒を売る生活の身に、生家の緑は眩しすぎた。

立原正秋『残りの雪』（一九七三～一九七四、新潮文庫、一五〇ページ）

ここでは、工藤保之という男性の視点から、生家を訪れた際のヒリヒリ型の体験が語られている。昼夜逆転した水商売の生活という背景もあわせて述べられているが、この体験の中核が、「生家の茶の間に行く」という形で環境へ働きかけ、環境から強烈な視覚情報［庭の緑がまぶしい］［まぶしすぎる］を受け取るという工藤の体感であることは動かない。

ということは、環境から受け取る情報が強く体感度が高いほど、体感を中核とするヒリヒリ型の体験は語るに足る面白い体験となり、体験の文法に基づく体験談が自然になるはずである。

以下、第2章で取り上げた、頻度語、「ばかり」、「たら」、「た」を取り上げて、このことを確かめてみよう。（前章で取り上げた「で」は、そもそもモノの存在情報はそう体感度が上がらないため、ここでは扱わない。）

2　頻度語

ろくろ首と大声

家の者が寝静まった深夜、寝ていたはずの娘がぱっちり目を開けると、その首がにょろにょろと伸びだし、胴体をそのままに、寝室を抜け、別の部屋へと入ってゆく。行灯《あんどん》の油を舐《な》めようというところで、にわかに人の気配がする。娘の首はするすると縮まり、元どおり、寝室に寝ている胴体の上におさまる。首はまた何度か、様子を見計らって伸びていくが、その都度、邪魔が入って油を舐められず、寝室へ縮まっていく――このような怪奇映画を観ているとしよう。つまり、ろくろ首の映画である。

このとき、遅れて映画を観に来た人に、

この娘、ろくろ首で、さっきからときどき首が長くなるの。

と、そこまでのあらすじを説明してやることは、特に不自然ではないだろう。

だが、それに比べて、

この娘、ろくろ首で、さっきからときどき首が長いの。

と言うのはおかしい。

この理由はすでに前章で見たとおりである。

「ときどき」のような頻度語は、デキゴトの頻度を表す。

そして、「首が長くなる」というのは立派なデキゴトだが、「首が長い」というのはただの状態である。デキゴトではない。

それで「ときどき」と「首が長い」が合わないというのが、「ときどき首が長い」がおかしい理由である。

ところが、同じことが次の例には成り立たない。

レストランで友だちと、楽しい会話に興じているうち、ついつい声が大きくなってしまう人がいるとする。他のテーブルの客がさっそく眉をひそめて従業員を呼びつけ、声を下げさせるよう言い渡す。

その場合、

あの人、さっきからときどき声が大きくなるの。注意してもらえる?

と言うのは特に不自然ではないが、

あの人、さっきからときどき声が大きいの。注意してもらえる?

と言うのも自然である。なぜか?

これは、「声が大きい」が状態であると同時に、デキゴトでもあるからである。

なぜデキゴトでもあるのかといえば、この話し手にとって、問題の人物の声の大きさは「不快!」「イヤ!」「ダメ!」という強いきもちと結びついており、体感度が高いからである。もっと声が大きくなれば、顔をしかめて耳をおさえ、席を立ってしまうかもしれない。

ろくろ首の長さはそうではない。首の伸び方がさきほどのシーン以上だからといって、もう我慢できない限界だと席を立つ人はいないだろう。面白いから観ているだけである。

もともと、「ときどき」のような頻度語は、形容詞とは合わないと言われることもあった。形容詞がふつう、状態を表すからである。

だが、たとえば、

このシート、さっきからときどき痛いんだけど、なんか突き出てない?

と自然に言えるように、「痛い」などの形容詞は、この例外となる。「痛いのはこのシート」とも「痛いのは私」とも言えるように、形容詞「痛い」は、刺激（このシート）の客観的な状態（チクチク状態）を表せるだけでなく、刺激を受ける側（私）の体内感覚（アイッ……）をも表せるからである。

体内感覚（アイッ……）は体感度が高いので、状態であると同時に、デキゴトでもある。

さらに、いま見たように、刺激の状態を表す形容詞にしても、強いきもちと結びつく「（声が）大きい」と、結びつかない「（首が）長い」とでは、「ときどき」との相性に差がある。これも体感度の違いである。

「しょっちゅう」と「いつも」「常に」

頻度語の自然さに体感度が関わることは、別の形で見ることもできる。第2章で見た、空間的分布の表現をもう一度取り上げてみよう。

頻度語とは頻度、つまりデキゴトの時間的分布を表す語である。だが、頻度語がモノの空間的分布も表せるということは、すでに見たとおりで、たとえば「田舎なので鉄道路線の多くの駅が無人駅だ」（図10a）と人に教える場合、

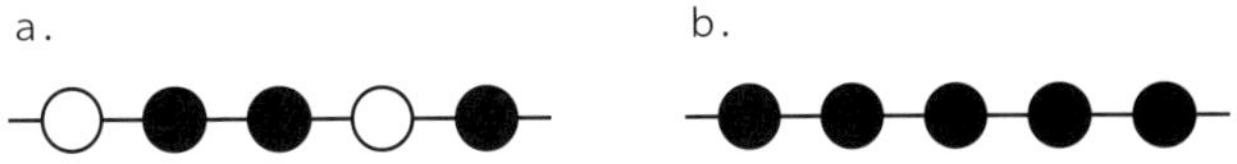

図10　鉄道路線における無人駅の分布

　なにしろ田舎だから無人駅がしょっちゅうあるわけよ。

と言うことは自然である。

　しかしながら、実はこれにはいくつかの例外がある。

まず、「いつも」「常に」のような恒常性の頻度語である。「田舎なのですべての駅が無人駅だ」（図10ｂ）と教える場合に、

　なにしろ田舎だから無人駅がいつもあるわけよ。
　なにしろ田舎だから無人駅が常にあるわけよ。

などと言うことは不自然である。

　このように、「しょっちゅう」などの多くの頻度表現と異なり、恒常性の頻度表現「いつも」「常に」は、モノの空間的分布を表しにくい。

　これは、体感度が違うからである。

「しょっちゅう」という頻度語は、夾雑物《きょうざつ》（いまの場合なら有人駅）が少数あること

を表すが、その「少数」が全体（全部の駅）の一割なのか二割なのかといったことは決まっておらず、感覚にまかされている。この点で「しょっちゅう」は、感覚的な、体感度がある程度高いことばである。

それに対して恒常性の頻度表現「いつも」「常に」は、「夾雑物（有人駅）の存在を一つも許さない」という点できっちりしており感覚性に乏しい、つまり体感度が低い。

「たまに」と「三カ月に一度」

感覚性に乏しい頻度語は、恒常性の「いつも」「常に」だけではなく、他にもある。そしてそれらの語もやはり、モノの空間的な分布を表しにくい。

たとえば、京都には「ヤサカタクシー」というタクシー会社があり、三つ葉のクローバーのマークを付けたタクシー約一四〇〇台を走らせている。

だが実は、そのうち「四つ葉のクローバー号」と名付けられた四台だけは、マークが三つ葉ではなく、四つ葉になっているという。俗説で「四つ葉のクローバーは幸運を呼ぶ」と考えられているからである。

さて、京都の街のことを人に教える場合、「四つ葉のタクシーも少しいますよ」という意味で、

四つ葉のタクシーもたまにいますよ。

と言うことはできる。

だが、自分が四つ葉のタクシーをだいたい三カ月に一度見かけるからといって、
四つ葉のタクシーもだいたい三カ月に一度いますよ。

と言うのはおかしい。少なくとも、自然さが低い。

これは「だいたい三カ月に一度」が、「だいたい」が付いているとはいえ、頻度を数値化しており、体感度が低いからである。

もっとも、数値化された頻度語が、モノの空間的分布を決して表せないというわけではない。バスの中から街を見ていて隣の乗客に、「しょっちゅうガソリンスタンドがあるね」という意味で、

しょっちゅう
ガソリンスタンドが
あるね
GS
GS
GS

三分に一回ぐらいガソリンスタンドがあるね。

などと言うことはできるように、探索領域（街）を探索するコース（バスの進行ルート）が聞き手と共有できれば、数値化された頻度語もモノ（ガソリンスタンド）の空間的分布を表せる。

だが、四つ葉のタクシーの場合のように、探索領域を探索するコースがお互いバラバラで共有されていなければ、数値化された頻度語はモノの空間的分布を表しにくい。

3 「ばかり」

第2章で見たように、「ばかり」は複数回の同種の体験を必要とする。そしてここにも、体感度の高さが好まれる一面がある。

赤いスープと苦いスープ

レストランで、どんな香草を使ったのか知らないが、赤いスープが出てきたとする。このスープを食したところ、まったく評価できなかったとする。これを後日振り返った際のことばとして、

あのスープは、赤いばかりだった。

は、なにか不自然である。少なくとも、次のような「だけ」の文と比べると、

あのスープは、赤いだけだった。

自然さがだいぶん落ちる。

ところが、やはりレストランで、どんな香草を使ったのか知らないが、苦いスープが出て、まったく評価できなかったとする。これを後で振り返った際のことばとして、

あのスープは、苦いばかりだった。


はかなり自然だという人が多い。なぜか?

それは「苦い」が、乳幼児あるいはサルでも顔をしかめて吐き出すような、原初的で直接的なものであり、つまり「赤い」よりも体感度が高いからである。

スープの色というものは、目を何度こらして見たとしても(つまり何度探索しても)たいてい変わらない。スープの味も同様である。

ただ、スープの苦さは、体感度の高さゆえに、一瞬一瞬、舌をおそう苦さの波として、つまりたくさんの苦さ体験の連続としてイメージされやすい。

こんなイメージは、スープの赤さには合わない。一瞬一瞬、目をおそう赤さの波、なんて、誰も考えないだろう。

苦いスープと激苦スープ

同じことは修飾語句についても観察できる。

苦いスープを食して、まったく評価できなかったという場合、

苦いばかりで、少しもおいしくなかった。

などと答えることは不自然ではない。そして、もしも料理の苦さが強ければ、

とにかく苦いばかりで、少しもおいしくなかった。
ただもう苦いばかりで、少しもおいしくなかった。

のように、「とにかく」「ただもう」のような修飾語句で程度を強めることができる。

では、そんなに苦くはなかったという場合はどうか?

ちょっと苦いばかりで、少しもおいしくなかった。
かすかに苦いばかりで、少しもおいしくなかった。

が不自然なように、程度を弱める修飾語句「ちょっと」「かすかに」は不自然である。

修飾語句は一つ一つ個性が強く、「程度の強め・弱め」という単純な観点では論じられない部分もあるが、このように、「ばかり」と相性がいい修飾語句は程度を強めるものが多く、程度を弱める修飾語句は「ばかり」を不自然にしやすい。

これは、程度を強めることが体感度を高めることにつながり、程度を弱めることが体感度を下げることにつながるからである。

うどんとカレー

頻度語のところで観察した夾雑物の問題は、「ばかり」についても見ることができる。

たとえば、ある人が先週一週間で21回食事をしたとする。そのうち19回がうどんだったが、2回はカレーだったとする。この状況でこの人は、

先週はうどんばかり食べました。

と言えるだろうか？

アンケート調査をしてみると、「言える」、つまり「それなりに真実を述べた発言として理解できる」

と答える人が多い。特に、くだけた「ばっかり」の場合はそうである。

このことは一見、「日常の生活の中で、私たちはことばを、そう厳密には使わない。時には多少の誇張もしてしまう」と考えれば、それだけでかんたんに説明できそうに思えるかもしれない。

だが、実はそうではない。

というのは、「だけ」や「しか〜ない」は、「ばかり」とは違った結果になるからである。同じ状況で、

先週はうどんだけ食べました。

先週はうどんしか食べませんでした。

と言えるかというと、「言えない」、つまり「この発言はまちがい、ウソ、偽証でしかない」と答える人が多いからである。

日常生活の中でことばがいい加減に、つまり「感覚的」に、発せられ理解されるという考えは正しい。だが、この考えだけでは問題が残る。それは、「だけ」や「しか〜ない」はそんなに感覚的にならないのに、「ばかり」が夾雑物（カレー）を堂々と許すほど感覚的になるのはなぜか、という問題である。なぜだろう？

それは「だけ」「しか〜ない」とちがって、「ばかり」が体験のことばだからである。

「だけ」「しか~ない」は、モノの集合に対する限定のことばである。「先週はうどんだけ食べました」や「先週はうどんしか食べませんでした」が表すのは、食品の集合{うどん・カレー・そば……}のうち、先週食べたのがうどんに限られるということである。

だが、「ばかり」は、モノの集合に対する限定のことばではなく、体験の集合に対する限定のことばである。「先週はうどんばかり食べました」が表しているのは、

「先週日曜の朝に食べたものは何かと思い返してみる」という体験

「先週日曜の昼に食べたものは何かと思い返してみる」という体験

「先週日曜の晩に食べたものは何かと思い返してみる」という体験……、

というような体験群が、「思い返してみると、うどんだ」という結果に終わる体験に限られる、ということである。

夾雑物はモノの一種である。モノの集合が取りざたされている場合には大きな問題になる。さほど大した問題にならず許容されるのは、モノではなく、体験が語られていればこそである。

4 「たら」

条件文では、条件節と帰結節で、それぞれデキゴトが語られるというのが原則だということは、第2章で見たとおりである。この原則に関して、「たら」条件文の自然さが体感に影響されることを見てみよう。

「画像が横に長い」と「きもちいい」

たとえば、ここに新型テレビがあるとする。

このテレビには「ワイド」というボタンがある。

それを押すと、画像が横に長く、つまり平べったくなるとする。（断っておくが、「そんなボタンがなぜあるのか。画像を横に長くして、何がたのしいのか」などという質問はご遠慮願いたい。現にいま、お宅にあるテレビだって、パネルを見れば、さっぱりわけのわからない機能のボタンが並んでいるではないか。）

さて、このボタンを試してみた人が、このボタンは画像を横に長くするボタンなのだと、他の人に教えるとする。その際のことばとして、これ押したら画像が横に長くなるよ。

というのは特に不自然ではない。だが、

これ押したら画像が横に長いよ。

というのは不自然である。

この不自然さは、第2章で見た条件文の原則から説明することができる。初めの文の帰結節「画像が横に長くなる」が表すのは立派なデキゴトだが、二番目の文の帰結節「画像が横に長い」が表すのは、ただの状態であってデキゴトではない。二番目の条件文は、帰結節でデキゴトが語られていないので、「条件節と帰結節でそれぞれデキゴトが語られる」という条件文の原則に合わず不自然だ、ということである。

ところが、同じことは、次のマッサージ機の場合には成り立たない。

ここにマッサージ機がある。

このマッサージ機には「特強」というボタンがついていて、それを押すと、マッサージが特に強くなり、結果として快感度が増すとする。

このボタンを試してみた人が、

これ押したらきもちよくなるよ〜。

と、しみじみ言うことは特に不自然ではないだろう。そして、

これ押したらきもちいいよ〜。

と、しみじみ言うことも十分自然である。

「画像が横に長い」と「きもちいい」で、どうしてこんな違いが出るのだろうか？

それは、体感度が違うからである。

「画像が横に長い」とちがって、「きもちいい」が表すのは、きわめて身体的で直接的な刺激であり、体感度が高い。つまり「きもちいい」は状態であるだけでなく、デキゴトでもある。だから条件文の原則に合致する。

「壁が明るい」と「まぶしい」

「画像が横に長い」と「きもちいい」の、このような体感度の違いには、「そもそもテレビの画像の長さは視覚の問題だが、マッサージ機がきもちいいのは触覚の問題だ」という感覚のタイプの違いが関わっている。

だが、重要なのはやはり体感度であって、刺激のタイプではない。というのは、感覚のタイプを視覚にそろえても、体感度の高低によって条件文の自然さが変わるからである。

たとえば、そのドアを開ければ光が差し込んで壁が明るくなるだろうかと相談する場合に、

そのドアを開けたら壁が明るくなるかな?

と言うのは自然だが、

そのドアを開けたら壁が明るいかな?

と言うのはおかしい。少なくとも「~明るくなるかな」よりは不自然である。

ところが、そのドアを開ければ光が差し込んでまぶしくなるだろうかと相談する場合は、

そのドアを開けたらまぶしくなるかな？

と言うのは自然だが、それだけでなく、

そのドアを開けたらまぶしいかな？

と言うこともやはり自然である。

これは、［壁が明るい］とちがって［まぶしい］が体感度が高いために、状態であるだけでなく、デキゴトとしてもとらえやすい、つまり条件文の原則に合致しやすいということである。

「赤」と「真っ赤」

いま述べてきた［画像が横に長い］と［きもちいい］の体感度の違い、そして［壁が明るい］と［まぶしい］の体感度の違いには、刺激の客観的な状態か、それとも刺激を受ける側の体内感覚か、という違いが関わっている。

［画像が横に長い］［壁が明るい］というのは刺激（画像・壁）の客観的な状態である。それに対して、［きもちいい］［まぶしい］とは、刺激の客観的な状態というよりはむしろ、刺激を受ける側の体内感

覚である。

また、これらの体感度の違いには、表現の構造的な違いも関わっている。「画像が横に長い」は、「画像が」「横に」「長い」から構成され、「壁が明るい」は「壁が」「明るい」から構成される、それなりにむずかしげな、理知的な表現である。

それに対して「きもちいい」「まぶしい」は、ただそれだけの単純な構造である。「壁が明るい」の「が」を取り去って、

そのドアを開けたら壁明るいかな？


にすれば、少し自然になると感じる人がいるのはその現れである。

しかし繰り返しになるが、重要なのはあくまで体感度である。客観的な状態か体内感覚かという違いや、表現の構造的な違いは、体感度の反映以上のものではない。このことを示すために、理科の実験の様子を考えてみよう。

青いリトマス試験紙は、酸性に反応すると赤に変色する。このリトマス試験紙を使って、小学校の先生が生徒たちの前で実験をしている。

先生はいま、皆に見えるように、ビーカーを片手で高くかざしている。

ビーカーの中には、なにやら液体が入っている。実はこれは酸性の液体である。先生のもう片手には、青いリトマス試験紙がにぎられている。

この青い試験紙を、先生はゆっくりと、しかし派手な動きでビーカーの中に落とし、溶液に浸けた。と同時に、「さあ、溶液に試験紙を浸けた」と、先生は自分の動作を大声で実況中継し、生徒たちの理解を促すことも忘れない。小学校の先生は大変である。だが、いま問題にしたいのは、先生のその先のことばである。

さあ、どうなるだろう。これは酸性の溶液で、青いリトマス試験紙は、酸性なら赤くなるんだったね。なるよ。見ていてごらん。一分もすれば必ずなる。一分後には試験紙は赤くなっているぞ、という意味で、

一分もしたら赤だよ。

と、先生は生徒たちに言えるだろうか？

言えないわけではないが、なにか不自然と感じる人が多い。

では、一分後には試験紙は真っ赤になっているぞという意味で、

一分もしたら真っ赤だよ。

と言えるか？　言える。これは文句なしに自然である。

〔赤だ〕と〔真っ赤だ〕のこのような違いは、体感度の違いと考えるよりないだろう。〔赤だ〕とちがって〔真っ赤だ〕が、刺激の客観的な状態ではなく体内感覚だ、と言うのは強弁に過ぎるだろうし、「赤だ」と「真っ赤だ」で構造がより複雑なものがあるとすればそれは「真っ赤だ」(「「真っ」「赤」」「だ」)のほうである。

それにもかかわらず、「〜真っ赤だよ」のほうが自然さが高いのは、〔赤だ〕よりも〔真っ赤だ〕のほうが、赤という刺激の程度が強いから、つまり体感度が高いから、したがってデキゴトととらえられやすく、条件文の原則に合うからにほかならない。

「黄色」と「真っ黄色」

いや、〔赤だ〕と〔真っ赤だ〕は、赤い程度が違うだけでなく、他にも大きな違いを持っているのではないか。「〜たら赤だよ」と「〜たら真っ赤だよ」の自然さの違いは、体感度の違いではなく、この違いによるのではないかと、読者がなおもしつこく疑いの念を持ち続けられたとすれば、おめでとうございます。あなたはほとんど私であります。

たしかに「赤だ」と「真っ赤だ」には重大な違いがある。

それはことばの品詞である。

「赤のシャツ」とは言っても、「赤なシャツ」は言えない。

しかし「真っ赤のシャツ」はややおかしく、むしろ「真っ赤なシャツ」のほうがいい。

つまり「赤」は名詞だが、「真っ赤」は形容名詞という別の品詞である。「赤だ」と「真っ赤だ」は、ことばの品詞が違っている。

では、条件文の自然さにとって大事なのは、品詞なのだろうか？

このことは残念ながら、青のリトマス試験紙だけでなく、（アルカリ性に反応すると青に変色する）赤のリトマス試験紙でも確かめられない。

というのは、「青だ」と「真っ青だ」にもやはり、ことばの品詞の違いが観察されるからである。

こうなったら、リトマス試験紙にたよらず、新型の試験紙を用いる必要がある。溶液に反応すると、黄色に変色する試験紙である。

なぜ黄色に変色する試験紙が必要なのか？

それは、「黄色」と「真っ黄色」で、品詞が基本的に変わらないからである。

「黄色のシャツ」と「黄色なシャツ」なら、「黄色のシャツ」のほうがいい。そして「真っ黄色のシャツ」と「真っ黄色なシャツ」でも、やはり「真っ黄色のシャツ」のほうがいい。つまり「黄色」も「真っ黄色」も名詞である。

そうこう言っているうちに試験紙が開発できたではないか。

さっそく溶液に浸けてみよう。

さあ、どうなるだろう。これは酸性の溶液で、この試験紙は、酸性なら黄色になるんだったね。なるよ。見ていてごらん。一分もすれば必ずなる。一分後には試験紙は黄色になっているぞ、という意味で、

一分もしたら黄色だよ。

と言うのは、やはりなにか不自然である。それに対して、

一分もしたら真っ黄色だよ。


というのは自然である。

このように、「たら」条件文の自然さに直接関わっているのは品詞ではなく、体感度である。

「真っ黄色だ」は「黄色だ」よりも刺激の程度が強く体感度が高い。したがってデキゴトとしてイメー

ジされやすく、条件文の原則に合致しやすい。

来日した外国人が、日本の印象を聞かれて、

日本に来たら、人が小さいです。

などと言っているのを時々耳にする。いかにも稚拙な日本語だが、

日本に来たら、人からモノからホテルのベッドから、もう、めちゃめちゃ小さいです。

にすると、（相変わらず失礼な発言ではあるが）マシになる。

これは、帰結節を派手にして体感度を上げると、「小さい」が外国人の体験つまりデキゴトらしくなり、条件文の原則に合致しやすくなるということである。

5 「た」

これまでは、「体感度が高ければ、状態は状態であるだけでなく、デキゴトにもなる」という形で、体感度の高さが頻度語や「ばかり」「たら」の文を自然にすることを見てきた。

だが、体感度と「た」の関わりは、それらとは違っている。

体感度の高さは、「た」を自然にするのではなく、むしろ「た」がないことを自然にする。ここには刺激の減衰ということが関わっている。

「まぶしいっ！」と「まぶしいー！」

先ほどまでは風呂の湯は熱かったが、いまは冷めてしまって熱くないという場合、

風呂の湯は熱かった。

とは言っても、

風呂の湯は熱い。

とは言わない。

同様に、先ほどまでは眠かったが、いまは目がさえていて、もう眠くないという場合、

私は眠かった。

とは言っても、

私は眠い。

とは言わない。風呂の湯が熱いこと、私が眠いことは過去の話であるから、「た」が現れる。当たり前だと思われるかもしれない。

ところが、過去になっても「た」が必ずしも現れないことがある。体感度が高い場合である。

暗闇の中で長時間過ごしてきた人が、いきなり閃光《せんこう》を見せられるとする。その瞬間ならその人は、

まぶしいっ！

と叫ぶかもしれない。いま現にまぶしい光があるのだから、ここに「た」が現れないことには何の不思議もない。

さて、閃光は一瞬のことで、いまはまた、あたりは元の暗闇である。だが、その人は、閃光の数秒ぐらい後までなら、

まぶしかったー！

と「た」の形で言うよりもむしろ、

まぶしいー！

と、相変わらず「た」のない形で叫ぶほうが自然である。

なぜか？

「体感度の高さは減衰を長期化させるから」というのは、なかなかうまい答である。

一般に、刺激は時間が経つとともに、その刺激を体験した者の心内で弱くなり、やがて消えてしまう。これを減衰と言う。

ところが、強い刺激で体感度が高ければ、減衰にも時間がかかる。つまり後を引く。

これが客観的な状態と、話し手の心内の状態の時差を生む。

客観的には、まぶしさはもう過去のものであるにもかかわらず、話し手の心内では、まぶしさはまだ終わっておらず、現在のものである。だから「た」が現れない。

この考えはおそらく正しい。

しかしながら、この考えは、閃光の瞬間の「まぶしいっ!」と、やや遅れての「まぶしいー!」ということばの違いまでを説明してくれるものではない。

閃光の瞬間は「まぶしいっ!」、やや遅れれば「まぶしいー!」という言い方の区別がある以上、「まぶしいー!」は、単にまぶしさが現在あるということばではない。「まぶしいっ!」と違った何かと結びついたことばだ、ということになる。

「まぶしいー!」に「た」が付かないということは、厳密にいえば、この「まぶしいー!」の意味から考えていく必要がある。つまり、心の問題として片づけるわけにいかず、ことばの問題としても取り上げなければならないということである。

「あぶないっ！」と「あっぶんねー！」

深い峡谷を見下ろすハイウェイを、一台の車が走っている。

車はものすごいスピードで急なカーブにさしかかる。これは、あぶないか？　そう、あぶない。向こう見ずな運転手は別としても、助手席の人間や、それを見守る私たちは、

あぶないっ！

と叫ぶことができる。

だが、その叫びもむなしく、車はカーブを曲がりきれず、ガードレールを突き破って宙を舞う。これは、あぶないか？　いや、もう、あぶなくはない。

「あぶない」とは、災厄（いまの例なら転落事故）が発生しそうな段階にかぎって言えることばである。災厄の発生が確定してしまえば、「あぶない」とは言わない。

さて、転落事故はなかったことにして、もう一度、カーブにさしかかる車を見てみよう。

ガードレールに接触して火花を散らしながら、それでも車はなんとかカーブを曲がりきった。

そしてそれに懲りたのか、続く直線道路を、速度を落として走りだした。

こうなればもはやあぶなくない。

しかしそれにしても、先ほどのカーブのところはあぶなかった。

このように、災厄が回避され、発生可能性が過去のものになってしまえば、「あぶなかった」と、過去の「た」が現れるのがふつうである。

ところが、実はこの「た」は現れないことがある。

災厄の発生可能性が過去のものになっていても、話し手が心底恐怖した、つまり体感度が高かった場合は、

あぶなかったー！

でもよいが、

あっぷんねー！

などと、大きく息を吐きつつ、あるいはりきみつつ、つぶやくこともできる。

これは先ほどの「まぶしいー！」と同様、減衰が長引いているという場合もあるだろうが、別の可能性もある。カーブを曲がる時点は無我夢中で、カーブを過ぎたいまになって初めて、危険をひし

ひしと感じるという可能性である。

バイクが自分のすぐそばを猛スピードですり抜けていったが、自分はそれに気づかなかった。バイクが遠くへ過ぎ去った段階で初めてそのことに気づき、いまさらではあるが恐怖の情がわき起こってつぶやくという場合なら、この可能性はもっとはっきりするだろう。

いずれにしても、体感度の高さによって、客観的な状態と、話し手の心内の状態に時差が生まれていることに違いはないが、閃光の場合と同様、これも心の問題として完全に片づけられるものではなく、ことばの問題としても取り上げる必要がある。せまってくる急カーブを見ながら、

あっぶんねー！

と叫ぶのはおかしいように、ことばの区別があるからである。


この章では、頻度語や「ばかり」「たら」「た」といったことばが、それぞれの事情を持ちながらも「体感度の高低に応じて、自然になったり不自然になったりする」という共通点を持つことを見た。

これは、日本語の文法には、体感を中核とするヒリヒリ型の体験と深く関わる部分がある、ということである。わかりやすいように、仮に探索を度外視していえば、体感度の高い情報は体験として語

れるが、体感度の低い情報は体験として語れないという形で、体感度の高低は文法の中で区別されている。

「体験として語れるのは体感度の高い情報だけだ」という文法のあり方に、「『こんな目に遭った』という話をするなら、すごい目に遭った話でなければ」という、私たちの先祖が築き上げてきた話の鋳《い》型《がた》の反映を見てとることは難しくないだろう。

では、探索と体感はなぜ、私たちの文法に、こんな関わっているのだろうか?

それは、私たちが日々を生きていくうえで不可欠な「認知」という行動において、「環境とのインタラクション」が重要な位置を占めているからである。

探索も体感も、このインタラクションの一タイプだからである——と言っても、順を追って話さなければわかってもらえないだろう。

次章では、このことを話してみたい。

私がまず話そうと思うのは、かわいそうな子猫のことである。

第4章　環境とのインタラクション

かわいそうな子猫

ここに、かわいそうな子猫がいる。

この子猫がかわいそうだというのは、目が見えないからである。

いや、目が見えないというのは厳密でないかもしれない。

この子猫の網膜には、まわりの様子が情報として届いている。

問題は、この子猫がその情報に対して反応しないということである。

たとえば、いきなり目の前に人間の手がせまってくれば、思わず目をつぶるのがふつうの猫の反応だろう。だが、この子猫は人間の手が近づいても、目を見開いたままである。

高いところから一気に地べたへ飛び降りるよりも、高いところからまず中ぐらいのところへ飛び降りて、そこから地べたへ降りるほうを選ぶというのがふつうの猫だが、この子猫にはそんな選り好みはない。

人間に抱きかかえられていて、地べたに降ろされそうになると、ふつうの猫なら着地に備えて足をふんばるはずなのに、この子猫はふんばらない。目の前の穴もよけない。

どうしてこんなことになってしまったのだろうか?

図 11　Held and Hein（1963: 873）で示された実験装置（Held, Richard, and Hein, Alan, 1963 “Movement-produced stimulation in the development of visually guided behavior,” Journal of Comparative and Physiological Psychology, Vol. 56, No.5, pp. 872–876.）をもとに作成

能動猫と受動猫

この子猫は、ヘルドとハインの実験（Held and Hein, 1963）の「受動猫」である。

ヘルドとハインの実験というのは、生後間もない二匹の双子の子猫を使ったものである。二匹の子猫は、一日の多くの時間を母猫と一緒に、暗い棲みかで過ごしているが、決められた時間だけ、そこから出され、明るい、たらいのような容器の中に入れられる（図11）。

この容器の内壁は、図のような、白黒の縞模様になっている。

きわめて単調な模様だが、容器内で子猫が「能動猫」として自由に歩き回れるのなら、やがて、先ほど述べた、ふつうの猫の反応行動をとることができるようになる。つまり、ふつうの猫に成長する。

ところが、この能動猫の動きに合わせて移動するゴンドラに乗せられた別の子猫、つまり「受動猫」は、このような反応行動が難しい。（なお、受動猫も実験終了後に、このような状況から解放してやると、やがてふつうの猫の反応行動がとれるようになったと、彼らの論文にある。）

能動猫と受動猫で、このような大きな違いが出たのは、なぜだろうか？

インタラクション

能動猫も受動猫も、容器の内壁の縞模様という、見るべき刺激を与えられている点は同じである。

二匹の子猫が決定的に違っているのは、能動猫は容器の中を自由に動き回って、環境に対して能動的に働きかけることができたが、受動猫はそうではなかったという点である。

つまり、環境とのインタラクションの機会を与えられたのは、能動猫だけだったということである。

ここで環境とのインタラクションと言うのは、

ちょっと左に動いてみるか。

お、それに合わせて、前方の縞模様が右に動くぞ。

では、こんどは前に動いてみよう。

おお、前方の縞模様が、いままでより大きく見えるではないか。

それならこんどは……

というようなものである。（念のために断っておくが、このセリフは説明のためのものにすぎず、もちろん現実のものではない。子猫がおっさんのように「動いてみるか」と思ったり、「お」と驚いたりするわけではない。）

インタラクション（interaction：相互作用）とは、働きかけ合いである。子猫と環境とのインタラクションとは、子猫が環境に対して働きかける、するとそれに応じて環境が子猫に働きかける、それに応じて子猫が環境に働きかける、ということである。今のセリフを例にとれば、

ちょっと左に動いてみるか。

というのは、子猫が環境に対して働きかけている部分であり、

お、それに合わせて、前方の縞模様が右に動くぞ。

というのは、環境がその子猫の動きに応じて、それまでとは違ったながめ、眺望（視覚情報）を子猫に提供している、つまり環境が子猫の働きかけに応じて、子猫に対して働きかけている部分である。そ

して、その後の、

では、こんどは前に動いてみよう。

という部分は、その環境からの働きかけに応じて、子猫が環境に対してまた働きかけている部分である。さらにそれに続く、

おお、前方の縞模様が、いままでより大きく見えるではないか。

とは、子猫の新しい動きに応じて、環境がまた新しいながめを与えるという形で、子猫に働きかけている部分である。そしてこの働きかけは、

それならこんどは……

という、環境に対する子猫の新たな働きかけを生む。

このように、容器の中の能動猫は、一瞬一瞬、環境とインタラクションを繰り広げている。

考えてみれば、私たちもこの世に生まれ落ちて以来、こうした環境との濃密なインタラクションをずっと続けて今日に至っている。「環境とインタラクションする」ということは、「生きる」ということとほとんど同義と言ってよいかもしれない。ここでは視覚的インタラクションにかぎって述べたが、聴覚、嗅覚、触覚、味覚などについても同様である。

二つの認知観

環境の意味をつかむということ、これを「認知」と呼ぶ。

世間一般によくある考えからすれば、認知とは環境の情報を受け取る受動的な行動ということになるが、これとは逆に、認知とは能動的に情報を作り出す行動だとする考え方もあり得る。

これら二つの認知観（以下、「受動的な認知観」「能動的な認知観」）は基本デザインが大きく違っている。

一郎が目の前にいるモノをネコだと認知する場合を例にとって紹介すると、目の前のネコの視覚情報（仮にそのネコが鳴けば聴覚情報、そのネコを触れば触覚情報、そのネコが臭ければ嗅覚情報、一郎がそのネコをなめてみれば味覚情報）を一郎がそのまま受け取って「ネコだ」と判断するのが認知だ、というのが受動的な認知観である（図12a）。

これに対して能動的な認知観では、まず一郎と環境とのインタラクションを認める（図12b）。

ここで「一郎と環境とのインタラクション」と呼ぶのは、すでに能動猫の例で見たのと同様、た

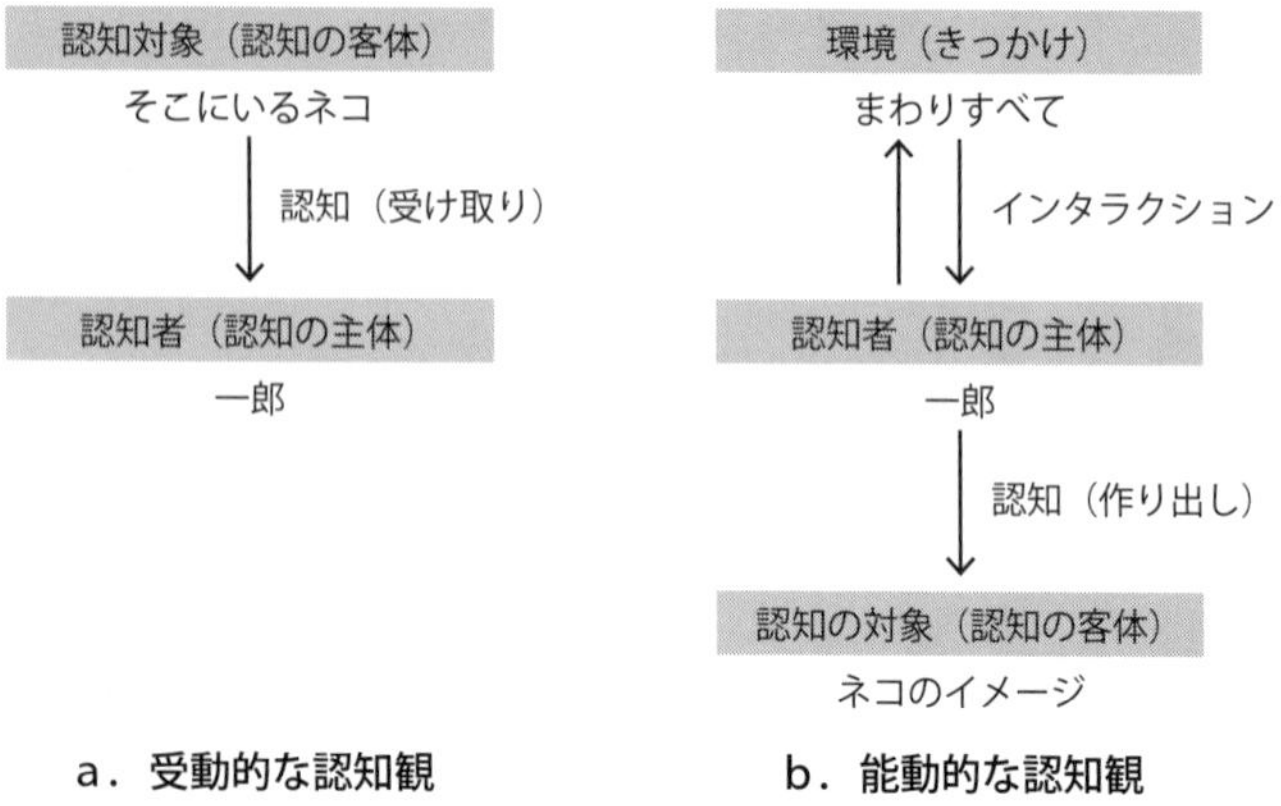

図 12　受動的な認知観と能動的な認知観（定延利之（2000『認知言語論』大修館書店，210 ページ）を一部改変）

とえば「一郎が少し前に動けば、前方のモノはそれまでより大きく見え、においがよりきつく感じられる。一郎が左に動けば、前方のモノは机の脚に隠れて見えなくなる。一郎が右に動けば、いままで見えなかったモノの左面がよく見える」というような、「一郎が環境に対して働きかけると、環境がそれに応じて情報を一郎に返してくる」という働きかけ合いを指している。

この環境とのインタラクションの中で、一郎が心内にネコのイメージを作り出すのが認知だ、というのが能動的な認知観である。

受動的な認知観よりも能動的な認知観が優れている点の一つは、環境と認知者とのインタラクションを認知に決定的な要因として組み込めている点である。

実際のところ、環境との濃密なインタラク

ションがなければ、認知者は認知能力を十分に発達させられない。

目の網膜に環境の視覚的な情報が伝わっているとしても、ふつうの猫の行動をとれない受動猫について「環境を視覚的に認知できている」と言うことはとてもできないだろう。「視覚的な認知ができる」ようになるには、「自分が少し前に動いてみれば、前方の縞模様はそれまでより大きく見える」というような、環境とのインタラクションが欠かせない。

探索と体感

いま述べてきたように、環境に働きかけ、環境から情報を受け取るという私たちの日々の営みを「環境とのインタラクション」と呼ぶことにすると、探索も体感も、ともにこのインタラクションだということになる。

探索は、「どんな様子だろう。見てやろう」という意気込み（探索意識）で環境に働きかけ、環境から情報を受け取るインタラクションである。つまり、環境への働きかけに重点が置かれている。

これに対して、体感は、環境から受け取る情報が強烈であり、環境からの情報受け取りに重点が置かれるインタラクションである。

両者が違っているのはただ、インタラクションのどこに重点が置かれるかという点である。

ワクワク型の体験の中核には探索があり、ヒリヒリ型の体験の中核には体感がある。

環境が謎に満ちていて、探索意識が活性化するほど、探索というインタラクションは話し手の中で圧倒的なものになる。

それを中核とするワクワク型の体験は、語られるべき「面白い」ものになる。

同じ情報でも、知識として語るのではなく、体験として語ることが、それだけ自然になる。

それと同様に、環境から受け取る情報が強く体感度が高いほど、体感というインタラクションは話し手の中で圧倒的なものになる。

それを中核とするヒリヒリ型の体験は、語るに足る「面白い」体験となり、体験の文法に基づく体験談が自然になる。

知識と体験

この本で見てきた「知識」と「体験」については、特に説明をおこなわず、読者の常識的な解釈にまかせてきた。その解釈で理解できないことのないよう、気を配ったつもりだが、最後に説明を加えておきたい。

ここで述べてきた知識と体験は、基本的には、言語によって表現される情報（以下「言語情報」）の下位類である。

言語情報は共有可能性の程度に応じて、知識と体験に連続的ながら二分される。

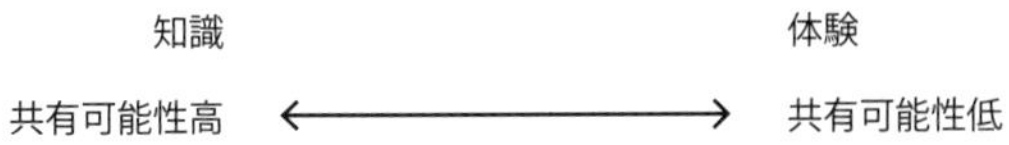

図13　知識と体験

典型的な知識とは、誰にでも共有され得る、公共の言語情報である。

逆に、典型的な体験は、自己（ふつうは話し手自身）が専有するだけで他者が共有できない、共有可能性の極端に低い個人的な言語情報と言える（図13）。

たとえば「地球は赤かった」という文を取り上げてみよう。

　現在は青いが、太古の昔、地球は赤かった。

と言う場合、「地球は赤かった」は誰にでも共有され得る情報を表現している。

つまり、誰でも（それなりのデータを集めれば）「たしかに昔、地球は赤かった」などと賛同したり、「いや、地球は昔から青かった」などと反駁《はんばく》したりでき、「地球が赤かったかどうか」を問題にできる。したがって情報の共有可能性は高い。この本では、このような言語情報を知識と呼んできた。

他方、宇宙飛行士が地球に帰還し、記者会見で、

　帰還するとき、宇宙から見たら、なぜか地球は赤かった。

と発言する場合は、「地球は赤かった」は知識ではなく、この宇宙飛行士のかなり個人的な体験を表現している。この場合、情報の共有可能性は限定されている。

たしかに、宇宙飛行士本人は、

いや、あれは自分の記憶違いで、やっぱり地球は青かった。

と、自分の発言を撤回できる。また、同行した別の宇宙飛行士（つまり共同体験者）も、

そうだ。あのとき、たしかに、地球はなぜか赤かった。

何を寝ぼけているのだ。あのとき、地球は青かったではないか。

などと、「地球は赤かった」発言を支持したり、この発言に反対したりできる。

だが、その時点に宇宙から地球を見ていない者は、「地球は赤かったにちがいない」あるいは「地球が赤かったはずはない」などとは言い合えるが、「地球は赤かった」「地球は赤くなかった」などとは言い合えない。つまり、「地球が赤かったかどうか」を問題にできない。

いまの宇宙飛行士の例には、体験者（宇宙飛行士）と情報を共有可能な他者（同行の宇宙飛行士）が存在し

ている。だが、他者は一人も情報を共有できず、体験者本人が専有するだけという極端な例もある。たとえば、宇宙ステーションでサーカスがあり、集まった観客に催眠術師が術をかける。「いまから私が三つ数えると、皆さんは窓の外の地球や月が、ふだんと違う色に見えますよ。どういう色になるかは人それぞれ。では、一、二、三」と、術をかけられた者の一人が、後になってそのときの体験を振り返り、

気がつくと窓の外の月は緑だった。地球は赤かった。

のように述懐するという場合である。

この例では、「地球や月がどういう色に見えるかは、人によって違う」という前提のうえで、外界の事物のあり方（地球や月の本来の色）にしばられない、純粋に個人的な体験（地球や月の見え方）が述懐されている。

そのため、「地球が赤かったかどうか」を問題にすることは、本人には可能だが（「あれは自分の記憶違いで、地球も緑だったのではないか」など）、他者にはできない。

以上で取り上げた三つの例（太古の地球・宇宙飛行士・催眠術）からわかるように、情報の共有可能性は程度問題であって、有る／無いという二項的な把握よりも、高い〜低いという連続的把握になじむ。

「共有可能性の程度に応じて、知識と体験に連続的ながら二分」と述べたのは、このような理由に基づく。

知識と体験について以上で述べたことは、日常用語の「知識」「体験」からすればさほど意外ではないかもしれない。だが、注意が必要な点もある。

第一点。日常用語の「知識」とちがって、ここで言う「知識」は、情報の共有可能性という尺度だけで定義されている概念である。たとえば、

［犯人は男にちがいない］
［犯人は男だろう］
［犯人は男かもしれない］

のような情報は、確信度が低く、日常用語で言う「知識」とするにはあやふやすぎるかもしれないが、この本ではこれも［犯人は男だ］のような確信度の高い情報と同様、知識としている。この本の「知識vs.体験」という対立は、情報の確信度を問わない。

第二点。日常用語の「体験」は、「私たちが誕生以来、日々おこなっているもの」を意味する。経験と言ってもそう違わない。この本で言う「体験」もこの意味を持つが、それよりも第一義としては、

「ことばによって表現される情報の一種」という、ことばに密着した意味を持つ。
念のために言っておくと、「私たちが誕生以来、日々おこなっているもの」と「ことばによって表現される情報の一種」は、別々のものである。ひとこともことばを発しない人について「その人が日々おこなっているもの」を論じることはできるが、「その人がことばで表現する情報の一種」を論じることはできない。
なぜこういう区別を言い立て、なぜことばの表現のレベルを重視するのかというと、混乱を避けるためである。たとえば、北京旅行から帰ってきた人が、北京における四色ボールペンの存在を、

四色ボールペン、北京でありましたよ。

と言えばこれは体験の表現だが、

四色ボールペン、北京にありますよ。

と言えば知識の表現である。もちろん、この知識の表現は、この人の北京旅行という体験（経験）に基づいているわけであるから、その点では第二文も、体験の表現と言ってしまえないことはないだろう

が、混乱を避けるため、この本ではそういう言い方をせず、「ことばで表された情報」のレベルを重視して、第一の文を体験の表現、第二の文を知識の表現とした。

「私たちが日々おこなっているもの」をもっぱら「経験」と呼べば、「ことばで表された情報の一種」（体験）との区別はハッキリするかもしれない。実際、私の論文ではこの呼び分けが不徹底ながら実践されている。だが、日常のコミュニケーションにおいて体験の表現がしばしば「実演」としか呼びようのないものであって、「表現」らしくないということ（これはまた別の話であるが）、などを考えていくと、このような呼び分けはそう厳密にはおこなえない。「不徹底」と言ったのはそのことである。「私たちが日々おこなっているもの」と「ことばで表された情報の一種」は、別物ではあるが、つながっている。

「戦争の経験」は個人にかぎらず団体や国家も持つことができる。だが、「戦争の体験」を持てるのは個人だけである。団体や国家は身体がないので「戦争の体験」は持てない。このように「体験」ということばは、「経験」よりもさらに、身体性と強く結びついている。私たちが日々、環境に身を置いて生きていく営みは、「経験」と言うよりは「体験」と言うほうが私にはしっくりくる。これは、ことばで表された情報も「経験」と言うより「体験」と呼びたいということである。

文法はどこから生まれるか

文法を会話と結びつけてとらえようとする試みは、これまでの言語研究にもないわけではない。

たとえば談話語用論の考えによれば、文法はまさに会話から生まれ出るものである。会話の中でくり返しくり返し現れる単語列が、やがてパターン（文型）という文法的な存在へと昇華する。私たちがしゃべるたびに、つなげてしゃべられた単語どうしがパターンに一歩近づく。つまり少しだけ文法化する。もっとはっきり言ってしまえば、現代日本語文法などという安定した「文法」、確固とした「文法規則」はフィクションでしかない。現実に私たちの目の前にあるのはただ、絶え間ない無数のおしゃべり、つまり「文法化」だけだ、ということになる。

大変おもしろい考えである。そのうえでの話だが、もしも「文法」（が仮にあるとして）の正体が、会話の中で現れる単語列の頻度にすぎない、とまで考えてしまうとしたら、私はなにか腑《ふ》に落ちないというか、さびしい思いがする。

ここで、文末の「わ」について考えてみよう。

たとえば「あ、佐藤さんだわ」の末尾「わ」を上昇調で言うと、話し手としては女性像が思い浮かぶだろう。このように、文末の「わ」には女性特有の用法があるとされている。興味深いのは、文末の「わ」の女性特有の用法は、映画や小説などではめずらしくない一方で、現実の会話では、もうほとんど見られなくなっているということである。

映画を観ても小説を読んでも、そこに登場してくる女性たちはこの「わ」をけっこうしゃべっているのに、その物言いにさらされている現実の女性たちはそれにつられず、この「わ」をほとんどしゃべらない。

自分が鑑賞している映画や小説の世界にいわゆる『女』が登場してきて、いわゆる『男』と恋に落ちたり、いわゆる『悪党』と戦ったりするのはオーケーだが、現実世界で自分自身がそこまで『女』を出すのは、自分のキャラに合わず、やりたくない、ということだろう。

このように、私たちの文法の中に、単純に単語列の出現頻度だけでは割り切れない部分があるとすれば、それは私たちの「自分はこれこれこのような者として振る舞いたい」あるいは「自分はこれこれこのような者として振る舞いたくない」といった、自分に執着するきもちと密接に関わっている。

このようなきもちを、この本では「煩悩」と呼んでいる。もっと一般的な「欲」や「願望」でもよいのかもしれないが、「欲」や「願望」ではたとえば「私はもうどうなってもいいから、せめて彼らにはなんとか助かってもらえないものか」のような、自分を離れた利他的なきもちまで含まれてしまうので、「自分への執着」を際立たせるため、あえてあまり見慣れない語を選んだ次第である。

「体験談を聞いてほしい」というきもちも、「自分は体験談の語り手として振る舞いたい」「自分の体験を皆に聞いてほしい」といった自分への執着の反映であり、煩悩にほかならない。

煩悩の文法

知識は皆に共有され得るものであり、一般的なものである。体験は個人の、それも多分に偶発的なものにすぎない。それでも、体験を語るということは、私たちにとって大きな魅力である。第1章の冒頭で取り上げた、釣客の発言をはじめとするさまざまな事例は、そのことを示している。手に汗にぎるサスペンス、一大スペクタクルの冒険活劇、感動巨編とまではいかないまでも、探索の様子や体感ぶりをハデめに演出し、自分の体験を少しでも面白いものに仕立て上げ、会話の中でさまざまなスキを衝き、あの手この手で機会をとらえて人に語って聞かせようとする事例は、私たちの日常にいくらでもある。

「大津市と北九州市で、人口が多いのはどちらか」というような、知識を追求する会話は（ないわけではないが）あまりない。それよりもずっと頻繁に、電車内で、路上で、オフィスで、教室内で観察されるのは、「この間あなたと別れてから今日再会するまでに、私（や私の知り合い）に起こった、おもしろい／おかしな／悲惨な体験」の披露である。

そこまでして、私たちが体験を語りたがるのはなぜだろう？

この問題に対する全面的な解答を出すことはこの本の射程を超えている。だが、おそらく無関係ではないと思われるのは、体験が、私たちが生きていることと直結しているということである。

この本では、そのことを特に際だたせる「状態の扱い」を中心に、体験の文法を論じた。

時間の進展のない状態は、状態であって、デキゴトではないというのが知識の文法である。

だが、体験の文法では、状態はデキゴトにもなる。

というのは、一瞬の状態でも、体験として語られる以上、それは話し手の、あるいは聞き手の、あるいは第三者の人生の一断片だからである。

私たちの人生は一瞬一瞬、「生きる」というデキゴトだからである。

ただし、そうやって語られる体験は、面白いものでなければならない。

なにしろ体験談は、他人に聞いてもらわなければならないのだから。


このような体験の文法を成立させている、私たち「下ざまの人」の体験談への飽くなき執念が、本能と呼べるものなのかどうか、私にはまだわからない。だが煩悩であることはまちがいないだろう。

あとがき

この本は、文法と意味に関する比較的最近の拙論（特に末尾に記載した参考文献①〜⑥）をわかりやすくまとめ直し、より新しい観点から発展させたものである。

基本理念と「たら」条件文については①、「で」については②、頻度語については③、「ばかり」については④、「た」については⑤⑥を参照いただければ、さらにくわしい文献を知ることができる。これまで私を育ててくださった皆さんにお礼申し上げたい。

これらの拙論に基づいているとはいえ、この本が多くの知見を先行研究に負うていることはたしかな事実である。動的でなくてもデキゴトになり得るという発想は益岡隆志氏の「静的事象」という考えにあるものだし⑦、「ばかり」の意味が複数の同種の体験であることを最初に指摘されたのは菊地康人氏である⑧。「た」の意味が多くの場合、過去と考えられるというのは井上優氏⑨、金水敏氏⑩の研究によるところが大きい。ここに記して感謝の意を表したい。インタビューを通じて背中を押して下さった神戸新聞の武藤邦生氏にもお礼申し上げたい。ただし、この本で論じたことに誤りや不十分な点があるとすれば、すべて私一人の責任である。

ネット関連のデータについては、関西学院大学文学研究科の院生の皆さんにお世話になった。筑摩書房の磯知七美氏には、原稿を辛抱強くお待ちいただきご迷惑をおかけしたこと、お詫び申し上げたい。最後に、私を支えてくれている家族に感謝したい。

文法の世界を探索し、体感する楽しみを本書を通じて少しでも多くの方が知ってくだされば、筆者としてこれ以上の喜びはない。

参考文献

①定延利之（二〇〇二）「『インタラクションの文法』に向けて―現代日本語の疑似エビデンシャル―」京都大学言語学研究編集委員会（編）『京都大学言語学研究』第21号、pp.147-185.

②定延利之（二〇〇四）「モノの存在場所を表す『で』？」景山太郎・岸本秀樹（編）『日本語の分析と言語類型：柴谷方良教授還暦記念論文集』くろしお出版、pp.181-198.

③定延利之（二〇〇二）「時間から空間へ？―〈空間的分布を表す時間語彙〉をめぐって―」生越直樹（編）『シリーズ言語科学4　対照言語学』東京大学出版会、pp.183-215.

④定延利之（二〇〇一）「探索と現代日本語の『だけ』『しか』『ばかり』」『日本語文法』第1巻第1号、日本語文法学会、pp.111-136.

⑤定延利之（二〇〇一）「情報のアクセスポイント」『言語』第30巻第13号、大修館書店、pp.64-70.

⑥定延利之（二〇〇四）「ムードの『た』の過去性」『国際文化学研究』第21号、神戸大学国際文化学部、pp.1-68.

⑦益岡隆志（一九八七）『命題の文法』くろしお出版.

⑧菊池康人（一九八三）「バカリ・ダケ」国広哲弥（編）『意味分析』東京大学文学部言語学研究室、pp.55-79.

⑨井上優（二〇〇一）「現代日本語の『タ』—主文末の『…タ』の意味について—」つくば言語文化フォーラム（編）『「た」の言語学』ひつじ書房、pp.97-163.
⑩金水敏（二〇〇一）「テンスと情報」音声文法研究会（編）『文法と音声Ⅲ』くろしお出版、pp.55-79.

この本は、日本学術振興会の科学研究費補助金による基盤研究（A）「人物像に応じた音声文法」（課題番号：19202013，研究代表者：定延利之）、「身体化された心の人類学的解明」（課題番号：20242026，研究代表者：菅原和孝）、基盤研究（B）「中国語と日本語の体操に基づく事象表現の総合的研究」（課題番号：19320064，研究代表者：沈力）の成果の一部であり、神戸大学メディア文化研究センターの支援を得て執筆されたものである。

補説 「生」と「面白い話」に根ざした文法

「煩悩の文法」とは？

少なくとも現在のところ、言語の研究に「煩悩」という語が持ち出されることはない。私があえてこの語を口にするのは、私たちにとって身近な日本語が、これまで指摘されていない不思議な面を持っていることを、なんとか言い表そうとした苦肉の策にすぎない。

これまで指摘されていない日本語の不思議な面とは、具体的には、文法が「私たちが生きていること」と「私たちが面白い話を好むこと」に根ざしているということである。

まず、「私たちが生きていること」から、改めて述べてみよう。

マッハの自画像

次の絵は、音速を表す単位「マッハ」の元にもなった、物理学者にして哲学者、エルンスト・マッハの自画像である。

描き手が自分自身を描いているという点では、この自画像は一般の自画像と変わらない。だが、この自画像は、描き手が自分自身を「自身の目（左目）から見たまま」描いているという大きな特徴を持っている。絵をよく観察してみよう。

この絵は、中心部にさまざまなものが描き込まれている一方で、周辺部はほぼガラ空きになっている。それはマッハの視野が、上方はマッハの眉骨で遮られており、また右方はマッハの突き出た鼻《び》

図14　Ernst Mach, Die Analyse der Empfindungen und das Verhältnis des Physischen zum Psychischen, エルンスト・マッハ『感覚の分析』（須藤吾之助・廣松渉訳 , 1971, 法政大学出版局）をもとに作成

梁《りょう》で、下方はマッハの頬で、遮られているからである。

唯一、視野の左方だけは遮られていないので、絵の左側には棚が続いている様子が描かれている。だが、それでも視野の限界のためだろう、棚は絵の端までは描かれていない。

前方には窓が描かれており、その手前、つまり絵の中央には、長椅子に身を横たえているマッハの二本の足が描かれている。その手前には腹、そしてやや左には、肘掛けに置かれた左腕が描かれている。

つまりこの絵は、マッハの身体というより、マッハの人生から切り取った一瞬の状態を映し出している。私がこの絵を持ち出すのはまさにそのためである。この絵は、私たちが「知識としての状態」と「体験としての状態」の違いを理解する手がかりを与えてくれると私は思うのである。

知識としての状態と、体験としての状態

「知識としての状態」とは何か？　例を挙げてみよう。

いま金星には、地球のものとは成分が大きく違うが、大気がある。つまり、いま私たちの世界は「金星に大気がある」という状態にある。このことを知っている人もいるだろうし、知らない人もいるだろう。あるいは、知らされても「また科学者たちが間違っているのだ」などと、信じない人もいるかもしれない。

この状態「金星に大気がある」のように、私たちが知っていたり、知らなかったり、あるいは信じ

ていたり、信じていなかったりする状態、それが知識としての状態である。

では、「体験としての状態」とは何か？　やはり例を挙げてみよう。

いまこの本を読んでいるあなたにとって、「目の前にこの本がある」という状態は、単にあなたが知っていたり信じていたりするような知識ではない。それは、あなたの人生から「いま」という一瞬を切り取ったものであり、あなたはこの状態を体験している。これが体験としての状態である。マッハが描いたのはまさにこれである。

そして私が言いたいのは、「体験としての状態は、状態であるだけでなく、デキゴトでもある」ということである。いま目の前にこの本がある。これはあなたにとってデキゴトである。というのは、あなたは生きていて、この状態を体験しているからである。

それに対して知識としての状態は、デキゴトではなく、状態どまりである。「金星に大気がある」という状態は、あなたがいま体験しているものではなく、ただの状態（世界の現状）でしかない。

このように、知識とちがって体験には、「状態をデキゴトに変える」という大きな力がある。

では、その力はどこから来るのか？

つまり、なぜ私たちは状態を体験できるのか？

それは、私たちが意識を持っているから、もっと根本的なことを言えば、生きているからである。

「人間の話」と「ことばの話」

ただしもちろん、いまマッハの絵を使って述べたのは、人間の話である。ことばの話ではない。病気や怪我でことばが一切話せない人間にとっても、状態［金星に大気がある］は状態でしかない一方、状態［目の前にこの本がある］はデキゴトである。ことばの話の中にマッハの絵を持ち込んで、おまえは何が言いたいのだと、読者は疑問に思われたかもしれない。

この疑問に答えるために、いわゆる「人称制限」という現象を見てみよう。

ここで言う人称制限とは、発話の可能性が、話し手（一人称）・聞き手（二人称）・話の中に登場する人物（三人称）に関して、同じように開かれていないという現象を指す。たとえば自己のきもちは、

皆さんにこんなにしていただいて、私もうれしいです。

などと言いやすい。だが、話の中で弟を取り上げ、弟のきもちをこれと同じ言い方で、

皆さんにこんなにしていただいて、弟もうれしいです。

と言うのは、たとえ弟のきもちを確信していても、どこかおかしい。この場合、

皆さんにこんなにしていただいて、弟もうれしがっています。

のような、別の言い方のほうがしっくりくる。この「うれしがっています」という言い方は、弟のきもちを報告する言い方ではなく（それは「うれしいです」である）、きもちの現れを外から観察しているという言い方である。

つまり、発話「うれしいです」の可能性は主に一人称にかぎって開かれている。人称制限とは、このような現象を言う。

一見したところ、人称制限は「人間の話」を持ち出せば直ちに説明できそうに思える。ここで「人間の話」というのは「人間は他者の心を知り得ない」という、私たちがよく知っている話である。人間は自己の心を見るように他者の心をのぞき見ることはできない。他者が何をどう言っていても、どのような表情やしぐさをしていても、それが嘘偽りの演技だという可能性は捨てきれない。他者が何をどう感じ、どう考えているのかは、当人にしか知り得ない――これは古今東西を問わず、人間一般について成り立つ普遍的な真理である。人間が何語を話すのか、あるいは話さないのかはここでは関係がない。これは「ことばの話」ではなく「人間の話」である。

そして「うれしいです」という発話が心内のきもちの報告だと認めさえすれば、この発話の可能性が一人称にしか開かれていないことは、「他者の心は知り得ないから『うれしいです』と言い切れない」という形で、普遍的真理から直接説明できてしまうように思える。ここには「人間の話」が関係しているだけで、「ことばの話」は関係しないように見える。

ところが、そうではないのである。「人間は他者の心を知り得ない」という普遍的真理を言語がどの程度反映するかは、実は言語によりさまざまだからである。

たとえば英語は、「人間は他者の心を知り得ない」という普遍的真理にはあまり付き合わず、むしろ「にもかかわらず人間は他者の心をしばしば決めつける」という経験的事実を反映することが多い。自己がうれしいことを語る言い方（"I am happy."）と同じ形で他者がうれしいことを語ること（"He is happy."）が自然だというのはその例である。

なるほど、自己の考えを語る言い方（"It seems to me that you are crazy."）と同じ形で他者の考えを語ること（"It seems to Pete that you are crazy."）が不自然になり得るといった観察（寺村 一九八二）は、英語もやはり人間の普遍的真理に完全に無関心ではいられないことを示している。だが、それでも日本語との差は否定し難い。

このように、言語が普遍的真理を反映する程度や方法は、実は言語ごとにさまざまである。だからこそ言語研究者は普遍的真理を意識しつつも、個々の言語の法則つまり文法を観察していかねばならない。

いま人称制限について見たことは、知識と体験についても言えるだろう。どの言語社会の人間にとっても、「知識としての状態」は単なる状態だが、「体験としての状態」は状態であるだけでなく、デキゴトでもある。だが問題はそれで終わりではない。この普遍的真理が全ての言語に画一的に反映されるという保証はないからである。では、どの言語がこの普遍的真理を、どのような形で反映するのだろうか？——この問題を調べられるのは言語研究者だけである。

では、従来の言語研究者は、知識と体験についてどのようなことを明らかにしてきたのだろうか？ここで述べる「知識」「体験」の意味を、もう少しはっきりさせつつ、そのことを述べてみよう。

知識・体験の三つのレベル

「知識」と「体験」に関する議論を混乱させないためには、三つのレベルを区別する必要がある。

第一のレベルは、心のレベルである。このレベルの知識とは、先ほど例に取り上げた状態「金星に大気がある」のように、我々が本を読んだり他人の話を聞いたりして、心に蓄えるものである。また体験とは、状態「目の前にこの本がある」のように、極端を言えば我々がただ生きているだけでも、一瞬一瞬、心に刻み込まれるものである。本書第4章で紹介したように、私はこのレベルの体験を適宜「経験」と記して、他のレベルの体験との混乱を避けようとしている。以下でも三つのレベルを区別するために、このレベルの体験はしばらく「経験」と呼んでおく。

心理学の記憶研究でタルヴィングが「意味記憶」(semantic memory)・「エピソード記憶」(episodic memory)と呼び分けたものは(Tulving, 1972)、このレベルの知識と経験である。意味記憶とは、たとえば「ネコとは飛び出た耳を持ち「ニャー」と鳴く哺乳動物で……」というような一般的な記憶であり、エピソード記憶とはたとえば「小学生のとき、下校途中に道ばたで弱っていたネコを見つけて皆で介抱して……」というような個人的な記憶である。

タルヴィングの研究は心理学の研究だが、このようなレベルの知識と経験に、言語研究も関わることがある。たとえば、人間が心内でおこなう情報処理操作に着目する談話管理理論では、情報が格納されている話し手の心内領域として「間接経験領域」(I-domain)と「直接経験領域」(D-domain)という二つの下位領域が区別されている(田窪・金水 一九九六、Takubo and Kinsui, 1998)。二つの領域はいずれも名称に「経験」を含んでいるが、これは用語法の違いであって、本書の用語で言うなら、これらはそれぞれ、知識の格納領域・経験の格納領域ということになる。

知識と体験の第二のレベルは、言語で語られる内容のレベルである。たとえば、北京の百貨店で四色ボールペンを見かけた人は、「四色ボールペンのような便利なものは、世界広しといえども日本にしかないだろう」という誰かの発言に対し、反論として、四色ボールペン、北京にありますよ。

と言うことができるだけでなく、

四色ボールペン、北京でありましたよ。

と言うこともできる。

前者の「北京にありますよ」式の言い方、つまり四色ボールペンの存在場所を示す名詞「北京」に格助詞「に」を付ける言い方は、情報［北京における四色ボールペンの存在］を知識として語るものである。

これに対して、後者の「北京でありましたよ」式の言い方、つまり四色ボールペンの存在場所を示す名詞「北京」に格助詞「で」を付ける言い方は、同じ情報を体験として語るものである。

このように日本語は、先ほどの「人間の話」をよく反映する言語であって、状態は知識として語られる場合は単なる状態だが、体験として語られる場合は状態であるだけでなくデキゴトでもある。「北京に」「北京で」の違いはこの違いである。（「あります」と「ありました」の違いについてもほぼ同様だが、ここでは取り上げない。）

第二のレベルの知識・体験の区別は、第一のレベルのような心内での区別ではなく、言語で語られる内容上の区別である。一言も発しない人間については、第一のレベル（心内レベル）の知識と経験を問うことはできるが、第二のレベル（発言内容）の知識と体験を問題にすることはできない。

第二のレベルが第一のレベルとは別物だということは、次のような例からもわかるだろう。「あの人は四色ボールペンを求めて北京に行くらしい」と聞いて、その渡航が徒労に終わることのないように祈るという趣旨の発言としては、

四色ボールペン、北京にあればいいね。

のような、知識を語る言い方（「北京に」）ができる。が、それだけでなく、

四色ボールペン、北京であればいいね。

のような言い方もできる。つまり話し手自身が経験していない、他者の、未来の、実現するかどうかわからない不確実な経験でも、「北京で」と、体験として語ることができる。

このような、言語内容レベル上の知識と体験に、言語研究がこれまでまったく注意を向けていなかっ

たわけではない。一部の体験の表現は、「感情移入」「動静反転」という名でよく知られている（定延二〇〇六）。たとえば、

力石が客を殴るのを見て、葉子は目を覆った。

と比べて、

客を殴る力石。葉子は目を覆った。

は葉子の感情に寄り添い、それだけ葉子の体験らしい語り方になっている。またたとえば、船上の人間が、

陸地にかなり近づいてきた。

と言えばよいところで、

陸地がかなり近づいてきた。

のように、まるで止まっている自身（船）に向かって陸地が近づいてくるように言うのも、体験らしい語り方である。

だが、これらは「客観的」「主観的」という観点から論じられることは多いものの、「四色ボールペン、北京にありますよ」「四色ボールペン、北京でありましたよ」といった状態の表現にも同種の違い（つまり知識と体験の違い）が見られるという認識はこれまでに見られない。特に状態の表現の扱いについては、先行研究はあるものの（池上（二〇〇七）など）、決して多くはない。本書が焦点を当てたのは、この第二のレベルである。

知識と体験が関わる第三のレベルは、言語行為（スピーチアクト）のレベルである。これは第二のレベルと同様、言語に関わるが、第二のレベルが内容のレベルであったのに対して、このレベルは行為のレベルであり、第二のレベルとは一致しない。たとえば、第二のレベルでの体験語り「四色ボールペン、北京でありましたよ」は、第三のレベルでは知識語りとされる。

第三のレベルの体験語りの例として、りきみ声を取り上げてみよう（Sadanobu, 2004）。

たとえば会話の中で、その場にいない人物Xについて「Xは酒を飲むのか？」とYに問われたZは、

［Xの飲酒量は甚だしい］という知識を持ってさえいれば（あるいは持っているふりをするつもりなら）、

すごく飲みますよ。

と、いわゆる強調の語句「すごく」を付けて答えることができる。Xと会ったことがあるか否かといった、Zの経験の有無は問題にならない。たとえXと会ったことがなくても、Xの問診票を調べ、そこに「酒は毎日すごくたくさん飲んでしまいます」といったX自身の記述を見いだし、そしてそれを信じ込むなどすれば、Zは質問者Yに対して「すごく飲みますよ」と答えることができる。だが、りきみ声で、

［りきみ声で］飲んみまっすよー。

などと答えることは、Xの飲みっぷりを目の当たりにして驚きあきれた経験を持っている場合（あるいは持っているふりをする場合）にかぎられる。

いや、それはちと、言い過ぎである。たとえば「尿管結石はいたいのか」と問われた場合、りきんだ言い方の、

［りきみ声で」いたいですよー。

は、尿管結石の患者本人だけでなく、患者の痛みと長年ごく間近で向き合ってきた家族や専門医でも、（特に患者本人がその場にいない場合は）不自然ではない。

だが、これらの者は経験者ではないものの、経験者に準じる経験を持っている者（以下、「準経験者」）ではある。経験者や準経験者以外の者、たとえば問診票を見ただけの者は、りきんで答える権利を持たない。第二のレベルで「四色ボールペン、北京であったらいいね」と、他者の未来の不確実な経験を体験として表せたのとは、大きな違いである。

りきみ声で「いたいですよー」と言えるのが経験者や準経験者にかぎられるのは、なぜなのか？それは、りきみ声で「いたいですよー」と言う行為が、経験を伝える行為というよりも、経験を再度、相手の前でやってみせる行為だからである。

「経験を語ることは、それをもう一度経験すること」と述べたラボフのことばどおり（Labov, 1972, p.354）、苦しい経験を体験として語る行為とは、相手の前で再度その苦しい経験をしてみせること、だから苦しいりきみ声が出る。このことがりきみ声を、経験者や準経験者特有のものにしている。（もっとも、りきむ権利が経験者や準経験者にかぎられているというのは、被修飾部の場合である。たとえば「仮に、いたーい病気があったとして、……」は、形容詞「いたい」の語幹「いたー」の部分を、経験がないにもかかわらず誰でもりきめる。これは、「いたい」が名詞「病気」を修飾する修飾部だからである。このように、私たちの声は、これまで考えられていた以上に、文法（いまの場合は修飾部か被修飾部かの区別）と関わっている。）

知識を語る行為は、いかにも伝達という行為に見える。（ただし、本当にそうなのかは検証してみなければわからない。詳細は定延（二〇一六）を参照されたい。）それに対して、体験を語る行為とは、相手の前で再度その経験をしてみせることに尽きる。これが第三のレベルである。私の不勉強かもしれないが、第三のレベルに関する言語研究は、私のもの以外にないようである。

知識と体験が関わる三つのレベルの紹介は、以上である。第一の心内レベルはともかく、第二・第三の言語関連レベルにおける言語研究の手薄さ、乏しさに、読者は驚かれたかもしれない。実際のところ、知識と体験の違いが言語にとって意味のあるものかもしれないという可能性を、言語研究者は大して追求してこなかった。そこには「話すとは相手に情報を伝達すること。伝達される情報は知識。だから体験も話される時点では知識の一種」といった、一見もっともらしいが実際は大きく間違っている思い込みがあったのではないかと、私は疑っている。それはまた、別の話になるのだが（定延二〇一六）。

だが、このような概観には、異論があるかもしれない。それは「おまえはエビデンシャリティの研究を忘れているのではないか?」という異論である。そこで次に、エビデンシャリティについて簡単に紹介し、私の考えを述べてみよう。

知識・体験とエビデンシャリティ

ここでエビデンシャリティ（evidentiality：証拠性）というのは、情報の根拠に関わる概念である。たとえば［天気が崩れる］のような情報を語る場合、その情報を語る根拠としては、さまざまなものがあり得る。他人がそう言っていたから語るのだというのは、伝聞が根拠ということである。雲行きを見てそう思えるから語るのだというのは、推量が根拠ということである。いずれの場合も「天気が崩れる」に「らしい」を付けて、「天気が崩れるらしい」と言うことができる。が、「そうだ」を付ける場合は、伝聞の場合は「崩れるそうだ」、推量の場合は「崩れそうだ」と、根拠によって言い方が少し変わる。言語によっては「目で見たから」「物音を聞いたから」という直接的な根拠や、「夢で見たから」といった、我々にとっては少し不思議な根拠を表すことばもあると言う。このような、根拠を表すことばをエビデンシャル（evidential）と言い、エビデンシャルの体制をエビデンシャリティと言う。

本書が焦点を当てている、第二のレベルの知識と体験は、まさにこのエビデンシャリティの枠組みでとらえられるのではないか？「知識を持っているから言うのだけれど」という知識のエビデンシャルを用いて何かを語るとは、結局のところ知識を語ることであり、「経験を持っているから言うのだけれど」という経験のエビデンシャルを用いて何かを語るとは、これも結局は体験を語ることにほかならないのではないか？——このような疑問は、第二のレベルの「体験」を第一のレベルの「経験」と混同しているだろう。だが、仮にそのことを別としても、第二のレベルの知識と体験は、エビデンシャリティとは関わりはするものの、別物だというのが私の考えである。

確かに、四色ボールペンの例において、「北京に」の格助詞「に」や「北京で」の格助詞「で」は、知識や体験と結びついていた。だが、格助詞「に」や格助詞「で」は、「いま述べられていることが知識であること（知識を根拠としていること）」や「いま述べられていることが体験であること（経験を根拠としている（こと）」を表すわけではない。格助詞「に」はモノの存在場所を示し、だからこそ北京における四色ボールペンの存在は「四色ボールペン、北京にありますよ」などと言える。他方、格助詞「で」はたとえば「ベランダでタバコを吸うな」のように、デキゴト（いまの例なら喫煙）の存在場所を示す。そしてすでに述べたように、日本語は「体験は状態をデキゴト化する」という「人間の話」をよく反映する。状態［目の前における四色ボールペンの存在］は日本語で体験として語られれば、状態であるだけでなくデキゴトでもある。そのデキゴトが北京において成立しているなら、「北京で」と言える。

つまり格助詞「に」も「で」も、実は場所を示すことしかしておらず、これらが知識や体験を表すように見えるのは、結果としてそう見えるにすぎない。格助詞「に」「で」にかぎらず、本書で取り上げた「ばかり」や頻度語、条件文もすべてこの点は同じである。これらは皆、「デキゴトが語られているか否か」に敏感ではあるが、知識や体験を直接表すものではない。これらと知識・体験を結びつけているのは、「体験は状態をデキゴト化する」という「人間の話」、そしてこの話をよく反映するという日本語の性質である。

私が拙論（定延二〇〇二）の副題に「エビデンシャル」ではなく、「疑似エビデンシャル」というフレーズを入れているのは、そういうわけである。

これまでの言語研究のデキゴト観

特に状態の扱いに絞れば、体験への着目は、これまでほとんどなかったといっても過言ではない。そのことは、デキゴトに対する考え方にも現れている（Sadanobu, 2010）。

伝統的な言語学では、言語が表すデキゴトとは、モノが力を発したり、力を受けたりすることだと考えられていた。たとえば「一郎が皿を割る」というデキゴトは、一郎というモノが皿というモノに力をふるって破片にすることであり、「皿が割れる」というデキゴトは、皿というモノが他のモノから力を受けて破片になることだ、という具合である。タルミーの「フォース・ダイナミクス」（Talmy, 1976, 1985）、クロフトの「コーザル・チェイン」（Croft, 1991, 1998）、ラネカーの「ビリヤードボール・モデル」（Langacker, 1991）といったデキゴトのモデルは、いずれもこの点では共通している。

こうした力に基づくデキゴト観を認めながらも、それを補う形で、別のデキゴト観が、日本語をよく知る研究者たちから提案されることもある（寺村 一九七六、池上 一九八一）。それは、状態の自然な推移というデキゴト観である。たとえば、英語なら“This experience taught John how to behave.”（この経験がジョンに行儀作法を教えた）と言うところで、日本語は「このことがあって、ジョンは行儀作法が身についた」と言うように、日本語は自然な状態推移としてデキゴトを表しやすい性質を持っているといった指摘は、「『ナル』表現」あるいは「『なる』言語」といった名とともに、広く知られるようになっている。

私が提出した「カビ生えモデル」は（Sadanobu, 1995, 定延 二〇〇〇）、このデキゴト観を表すモデルである。「最初は何もなかったが、いつの間にかそこにカビがある。ああカビが生えた」といった感覚は、自然な状態推移というデキゴト観を具体化させたものである。このモデルは「何者かがカビに、あるいはカビがカビ自体に再帰的に力を与え、その力でカビが出現する」といった、力に基づくデキゴト観とは無縁である。

結果として、自動詞の文は、力に基づくデキゴトを表す場合と、状態の推移に基づくデキゴトを表す場合の二つにまたがっていることになる。

両者の区別、つまり「他のモノから受けた力のためにモノが何らかの変化を起こす」というデキゴトと、「状態が自然に移り変わる」というデキゴトの区別は微妙なことも多い。だが、たとえば自分で結婚を決めておきながら「こんど結婚することになりました」と言うような、英語話者には理解しがたい自動詞表現が日本語社会に頻出することも確かである以上、力に基づくデキゴト観だけでなく、状態の推移に基づくデキゴト観も認める必要があるだろう。（日本語・英語・中国語の「なる」的な言語表現を対照した貴重な先行研究として中川（一九九二）がある。）

以上では、力に基づくデキゴト観・自然な状態推移という二つのデキゴト観を紹介してきたが、これら二つに共通しているのは、時間の進展を前提とするという点である。

力に基づくデキゴト観について言えば、「あるモノが力を出す時点」と「その力が別のモノに受け止められた時点」は、物理的にどんなに近接していようともイメージとしては別物であり、前の時点から後の時点へと時間が進展する中ではじめてデキゴト［あるモノが別のモノに力を行使する］が成立する。

また、「あるモノが他のモノから力を受けた時点」と、「そのモノがその力のために変化した時点」も別物であり、前の時点から後の時点に時間が進展する中でデキゴト［あるモノが他のモノからの力で変化する］が成立する。

そして、自然な状態推移というデキゴト観についても、「推移前の時点」と「推移後の時点」は別物であり、前の時点から後の時点へと時間が進展する中でデキゴト［自然な状態の推移］が成立する。

つまり、これまでのデキゴト観では、時間が進展しなければ、力に基づくデキゴトであれ、自然な状態推移というデキゴトであれ、そこにデキゴトが認められる余地はなかった。

実は、そうしたデキゴト観の潮流とは少し離れた日本語の文法研究では、たとえば松本清張の小説『砂の器』の一節「車窓に迫った山の新緑の色が美しい」を、「静的なデキゴト」とするような記述がおこなわれていた（益岡（一九八七）の「静的事象」）。だが、この記述がデキゴト論にとってどのような意味を持つのかは、まったく追求されてこなかった。時間の進展のない一瞬の状態がデキゴトになり得ることは、「人間の話」としては広く認められ、また日本語はそれをよく反映する言語でもあるが、にもかかわらず、そのことは一般的な言語研究では気づかれず、日本語の文法研究においても、ごく一部の例外的研究を除けば、認められていなかった。

私がデキゴトの存在場所を示す格助詞「で」のような「疑似エビデンシャル」を取り上げているのは、このような状況を多少なりとも改善するためにほかならない。「状態［車窓に迫った山の新緑の色が美しい］はただの状態ではなく、デキゴトでもある」という記述が正しいことは、日本語を母語とする話者たちには、それ以上何も言わなくても直観的にわかるだろう。だが、そうした直観を持たない外国人研究者が圧倒的多数を占める一般的な言語研究の文脈で、「状態はデキゴトになり得る」と主張するには、別の形の「証拠」が必要になる。そこで、デキゴトが語られることを前提にする疑似エビデンシャルを使って、その証拠を作りだそうというわけだ。

たとえば、デキゴトの存在場所を示す格助詞「で」を持つ文は、デキゴトが語られなければ不自然になるはずである。時間進展のない状態という、デキゴトでないものが語られているなら、当然不自然であろう。ところがそのような文の一部は、「四色ボールペン、北京でありましたよ」のように実際には自然である。ということは、日本語では状態がデキゴトになり得ると認める必要がある——このような、日本語の直観を持たない言語学者にも納得しやすい「根拠」を積み上げて、「体験としての状態」という新たなデキゴト観をデキゴト論の中に正しく取り入れたい、ひいては日本語の文法研究と一般的な言語研究の間の敷居を低く、相互に乗り入れしやすくしたいと私は考えている。本書は、そのような私の取り組みの一部を、なるだけわかりやすくまとめたものである。

面白さと重要さ

いま「なるだけわかりやすく」と書いたが、実は、本書には大きな「わかりにくさ」があったのではないかと、出版してから後悔していたことがある。それは「面白さ」(reportability)のことである。

もちろん、私は第1章の末尾で、面白さについて説明してはいる。だが、面白さは、知識・体験と並んで本書の中心を占める重要な概念である。なにしろ、本書が述べていることは、「知識だけでなく体験にも注意しよう。なぜなら、体験が語られるときにかぎって、状態はデキゴトになるから」そして「面白さに注意しよう。なぜなら、体験が状態をデキゴト化するのは、その体験が面白い場合にかぎられているから」という、たった二点に尽きるからである。それだけに、面白さについても、もう少し書いておけばよかったと思っていた。それを書かせていただく。

面白さは、知識や体験のように、三つのレベルにまたがっているわけではない。面白さは、ただの面白さである。だが、新書版に対する読者の反応を見ていると、どうも逆にそこが、特に「頭がよく」「勉強熱心な」読者にとって落とし穴になりかねないようだ。

私たちは幼少の頃から文字や単語を覚え、さまざまな知識を学び続けて、現在に至っている。もちろん、たどってきた修練の道は人それぞれだろうが、いまこうして文法に関する書物をわざわざ読むようになるまでには、皆さん、相当の「お勉強」を積んで来られたのだろう。

その「お勉強」の中には、面白さという概念は、ただの一度も出てこなかった。違いますか？　面白さという概念に出くわして、これをいかがわしく思わせているもの、これを受け入れることを拒んでいるもの、それはあなたの高い学識である。

結果として、あなたの頭の中では、面白さは「生きていくうえでの重要さ」のような、生物に関する啓蒙的なテレビ番組に出てくる、もっともらしいフレーズに読み替えられてはいないだろうか？もしそうなら、あなたが混乱してしまったのも無理はない。面白さは面白さであり、生きていくうえでの重要さなどではないからだ。

たとえば、第2章で取り上げた、次の二つの文を振り返ってみよう。

なんか、レストランがしょっちゅうあるね。

うちの近所はレストランがしょっちゅうある。

すでに述べたように、このうち第一文は、異国の街並みを観光バスから眺めながら同乗者に言うことができる。つまりこの文はレストランが「あちこちに」あるということを意味できる。だが、第二文は自宅付近の様子を教える文として不自然である。つまり近所にレストランが「あちこちに」あるということを意味しにくい。

このような二つの文の差を、生きていくうえでの重要さの差だと考えても、わけがわからなくなるばかりだろう。「異国の街におけるレストランの分布情報は、自宅付近におけるレストランの分布情報よりも重要」などということが、無条件に成り立つわけでは決してない。確かに、もし万が一、見知らぬ異国の地に放り出されれば、そこでのレストランのありかを知ることが死活問題となるかもしれない。だが、利用可能性や利用頻度の点からすれば、ふだんの生活の中で足繁く通うレストランの分布情報のほうが遙かに重要だろう。

両者に差があるとすれば、「異国の地は謎に満ちた巨大空間で、そこはどんな様子かと身を乗り入れてみることはワクワクして面白いが、自宅付近は熟知したせまい空間で、そこにはワクワク感がなく面白くない」という、文字どおりの面白さをおいて他にはない。

もっともらしさを追い求めて、「面白さ」を「生きていくうえでの重要性」に置き替えても、現象はかえってつかみにくくなる一方である。これでは、「情報の伝え合い」というもっともらしいコミュニケーション観によく当てはまる知識だけに注目し、体験を軽視・無視してきた文法研究と、変わるところがなくなってしまう。

体験の二つの理想型（探索意識の強さに基づくもの・刺激の体感度の高さに基づくもの）を、それぞれ「ワクワク型」「ヒリヒリ型」と、およそ学問的でない、生活臭ただよう名で私が呼んでいるのも、そういうもっともらしい体裁を求めるあまりの有害無益な置き換えを自戒するためである。

読者はこれらの名称にも、うさんくさいものを感じられたかもしれない。だが、考えてみてほしい。

私たちがいま新しく解明しようとしている体験の文法は、これまで私たちがなじんできた、知識の文法のもっともらしさを越えたところにあるのではないだろうか。

マナーと文法

「状態をデキゴトとして語れるのは、面白い体験の場合にかぎる」という本書の主張に関しても、第一章で述べたことだが、もう少し念押ししておきたいことがある。それは、これが、「人に体験を語るなら面白い体験だけを語るべし」といったコミュニケーション上のマナーとは別物だということである。

たしかに、「面白さが求められる」と言うと、マナーの話だろうというのが一般の理解かもしれない。人前で自身の体験を話すことになったら、聞き手を退屈させないために、話は手短に、メリハリをきかせて起承転結を際立たせ、少しでも面白いものになるよう気を配るべきだというのは、非常に重要なマナーだろう。だが、本書で私が述べたのは、そのようなマナーの話ではなく、レッキとした文法の話である。

マナーと文法はどう違うか? マナーは、違反すれば「つまらない人」という烙印《らくいん》を押される。それに対して文法は、違反すれば、「その言い方おかしい」という反応が返ってくる。このように、マナーと文法は、違反した場合の結果が違う。

もしも「庭で木がある」という文がマナー違反であるなら、この文は、「庭において木を目撃した」という面白くない体験談として聞き手たちにたちどころに理解されるだろう。そのうえで聞き手たちは、「何を話すのかと思っていたら、庭における木の目撃など、なんと面白くない体験を話すのだろう。この人は、こういうつまらない人だったのだ」と思うはずである。だが現実には、「庭で木がある」という文を聞かされた者は、そのような印象は抱かず、単にこの文を理解できない。「何だそれ?『庭に木がある』ということ?」など、言い方に関する疑問が沸きこそすれ、話し手をつまらない人と思いはしない。これは、この文がマナーではなく文法に違反していればこその話である。

それだけに、私は日本語社会の「下ざまの人びと」(第1章)の語りから目が離せないのだ。面白さという概念を、マナーのレベルから文法のレベルにまで押し上げるという偉業が、いかにして成し遂げられたのか、その秘密を解き明かしたいのだ。

二種の文法?

「面白い体験が語られる場合にかぎって、状態がデキゴト化される」という体験の文法はいいとして、それでは「ふつう」の文法はどうなったのだ? 体験語りの文法と、「ふつう」の、知識語りの文法とは、どんな関係にあるのか? と、あなたは思われるかもしれない。開始時点を表す格助詞「から」を取り上げて、この点についても補足しておこう。

二時から部屋が青い。

この文を見せられると、たいていの話者はキョトンとする。自然さをたずねても、「自然」という反応はほとんど返ってこず、「不自然」派が大半を占める。当たり前ではないか、部屋が青いなどということがあるものか、という顔を、多くの話者がしている。だが、それに続けて、

二時から部屋が青くなる。

この文を見せると、状況はかなり変わって「自然」派が増える。いや、もちろん全員が「自然」派になるわけではない。「不自然」派は依然残っているし、「自然」派も「うーん……自然、かなあ」「いちおう、ま自然、っぽい」という具合に、皆さんどうも歯切れがよろしくない。しかしそれでも「自然」派は増える。

なぜ「自然」派が増えるのだろう?

話者たちは二つの例文にわたって長い間「部屋の青さ」について考えさせられたせいで、違和感が摩滅してしまったのか?

いや、どうもそうではないらしい。というのは、再度「二時から部屋が青い」を見せても、こちら

は相変わらず不自然なままだからである。この二文は、ともに部屋の青さを語ってはいるが、自然さが違う。「二時から部屋が青くなる」は「二時から部屋が青い」よりも自然である。

種明かしをしよう。格助詞「から」が開始時点を示すということは広く知られている。だが、「何の開始時点なのか?」ということは、これまでまったく問題にされてこなかった。これについて私が言いたいのは、「部屋が青いのは二時からだ」のようないくつかの特別な構文（いまの例なら分裂構文）の場合を除けば、格助詞「から」が表す開始時点とは、原則としてデキゴトの開始時点にかぎられる、ということである。

状態［部屋が青い］は少しも面白くないので、知識としては語れても体験として語れない。したがってデキゴトになれない。だからデキゴトの開始時点の表現「二時から」とは合わず、「二時から部屋が青い」は不自然である。

このように文「二時から部屋が青い」の不自然さを説明するのに、知識・体験・状態・デキゴトというおなじみの概念群を持ち出すのは、もちろんそれなりの根拠があってのことである。それは、仮にこの文の時制を過去時制にして、

二時から部屋が青かった。

にすると、自然さが上がるということである。このことは、知識・体験・状態・デキゴトという概念を導入してこそ、はじめて理解できることである。すなわち、過去の話にすると、知識の表明というより、いかにも体験談らしくなる。その結果、状態［部屋が青い］は状態であるだけでなく、デキゴトとしてもイメージされやすくなる。だから、デキゴトの開始時点の表現「二時から」と合う。この仕組みは、第2章の条件文のところで、「彼の下宿に行ったら天井が低い」と「彼の下宿に行ったら天井が低かった」という二文を取り上げて述べたのと、同じ仕組みである。

さて他方、「青くなる」は、形容詞連用形「青く」＋変化動詞「なる」というこの述語句の内部構造からわかるように、［青さが増す変化］というデキゴトを表す。だからデキゴトを修飾する副詞句「二時から」とは合って、デキゴト［部屋が青くなる］が二時から生じるのだとイメージでき、自然さが高い。

これが知識の文法の力というものだろう。もちろん、文「二時から部屋が青くなる」は誰もが聞いた瞬間にストンと腑に落ちるような、全面的に自然な文というわけではない。この文で語られるデキゴトは、部屋の内壁を青ペンキで塗ったり、蛍光灯に青セロファンを巻いたりすればともかく、現実世界ではなかなか起こらないものだからである。だが、「述語句がデキゴトを表すなら、そこにデキゴトの修飾句を組み合わせても無理はない」という理屈は強く、この理屈はこの文の自然さを、「二時から部屋が青い」レベルからぐっと押し上げる。ここでは述語句・修飾句・品詞といった、いかにも文法的な概念だけが物を言い、面白さや体験談らしさといった、うさんくさい概念どもの立ち入るスキはない。

これに対して、体験の文法はあくまで我々の生活に密着している。たとえば、

朝から腹が痛い。

という文を取り上げてみよう（定延 二〇一二）。

この文は「二時から部屋が青い」とまったく同じ、「［時点名詞＋から］［名詞＋が］［形容詞］」という構造を持っているが、誰にも文句の付けようのない、完璧な自然さを持っている。これは状態［腹が痛い］の体感度が高く、文がヒリヒリ型の面白さを語る体験の文となり得ているため、状態［腹が痛い］がデキゴトになりおおせ、デキゴト開始時点の表現「朝から」とよく合うからである。

では、次の文はどうだろうか？

夜から腹が痛い。

この文を自然と判断する話者は皆無ではないものの、その数は先ほどの「朝から腹が痛い」と比べると、驚くほど少ない。

では、「朝から腹が痛い」と「夜から腹が痛い」の違いを生んでいるのはいったい何だろう？

多くの読者の頭には、「人間の生活サイクル」による説明が浮かんでいるかもしれない。人間は、夜勤や徹夜の場合を例外とすれば、朝起きて昼に活動し、夜は寝ているものである。ところで、軽微な腹痛は、睡眠中に生じても覚えていないが、目覚めた後ならよく覚えている。したがって、自覚されている腹痛の開始時点としては、朝がふつうであり、夜は少ない。「夜から腹が痛い」が「朝から腹が痛い」よりも自然さが低いのは、このためだ、という説明である。

この説明は正しいだろう。だが、答の半分でしかない。

もしも文「朝から腹が痛い」「夜から腹が痛い」のそれぞれの自然さが、ただ人間の生活サイクルだけで決まっているのなら、同じように、文「二時から部屋が青い」の自然さも生活サイクルで決まってくるはずだろう。この文の「二時」が、夜中の二時という意味ならまったく不自然だが、昼の二時という意味ならまだ自然だ、といった判断をする話者がいてもおかしくないだろう。だが、そんなことを言ってくる話者には、私はまだお目にかかったことがない。それに何より、

昨夜から腹が痛い。

という文はどうしてくれるのだ？　人間の基本的な生活サイクルからすれば、この文は「夜から腹が

痛い」とまったく同様に、自然さがかなり低いはずだろう。だが、実際はこの文は「夜から腹が痛い」とちがって、完璧に自然である。

「夜から」ではいつの夜のことかわからないから、「昨夜から」と言わねばならないのだ、という説明は、これも正しいだろうが、これも答のもう半分でしかない。それならどうして、「今朝から」と言わずに、いつの朝のことなのかわからない「朝から」としか言っていない「朝から腹が痛い」が満点か、という問いに答えられないからだ。

確かに「夜から」よりも「昨夜から」のほうが、「話し手はいまここの立場から述べている」という感じがするし（これを専門的には「直示的である」と言う）、いかにも体験の表現らしい感じがする。しかし、そういう体験の表現らしい表現が、「夜」の場合だけに要求され、「朝」の場合には特に必要ないということは、人間の生活サイクルを取り入れなければ説明できない。

結局のところ、「―から腹が痛い」という一連の文の自然さを理解するには、「体験の文法は我々の生活に密着している」ということを認めた上で、「生活サイクルに反する場合（つまり腹痛の開始時点が夜の場合）は、より体験の表現らしい直示的な表現（「昨夜」）が必要」と考える必要がある。

本書では第4章で、文法の源を会話と考える談話語用論（具体的にはGivón, 1979, 1989; Hopper, 1987など）の理念をごく簡単に紹介したが、それとは別の考えもある。文法の源を遺伝子と考えるチョムスキー（Chomsky）は、人間の生物的な資質から文法の姿を見極めようとしている。

クモは何の練習もなしに幾何学的な巣を作ることができるし、魚は卵から孵《かえ》った瞬間から泳ぐことができる。なぜか？　クモや魚はそれぞれ、そういう能力を生まれつき授かっているからである。そして人間は、どの言語圏に生まれた赤ん坊であれ、周囲で大人たちが適当にしゃべってさえいれば、ごく短期間で、その言語の完全な話し手に成長する。なぜか？　それは人間が、ことばをしゃべる生物として生まれついているからだ。

ということは、文法は、人間が短期間でうまく効率的に獲得でき、言語を話せるようになるという性質を持っているはずだ。どんな言語の文法も、皮を一枚めくれば、皆この性質を持っているだろう——私自身はこうした遺伝子由来の文法を解明する立場にはないが、チョムスキーが構想するような人間一般にとっての普遍的な文法を、知識の文法のイメージと重ね合わせることはできるだろう。

人間の心内では知識の文法が、個別言語社会の生活と密着した体験の文法とはまったく独立に構築されるのか、それとも体験の文法が高度に一般化されてできあがるのかは、私たちが今後さらに検討を続けてみなければわからない。だが、これら二つの文法が私たちの言語能力を司る両輪であることは間違いないだろう。

体験と面白さ、さらなる展開

「自分の人生に注目してほしい」という、抗《あらが》いがたい煩悩に根ざした私たちの体験語りの考察は、以上で触れた先行研究に導かれているとはいえ、まだ端緒に就いたばかりである。本書の話が日本語に終始せざるを得なかったのも、他言語の観察がまだほとんど進んでいないという残念な研究状況による。だがこれは、体験語りの研究が、今後進展する余地を大きく残しているということでもある。新しい光を当てられながら、本書に書けなかった現象も少なくない。

たとえば、皆さんが友だちの家に初めて招かれたとしよう。友だちの家には金魚鉢があった。皆さんがそれを何気なく見たところ、なんと金魚が逆さになって、プカプカ浮いている。それを見た皆さんは、

あ、金魚死んでる。

とは言えても、

あ、金魚死んだ。

とは言えない（鈴木 一九七二、井上 二〇〇一、定延 二〇一二）。これが言えるのは、金魚を飼っていた人間、つまり生前の金魚を見ており、いま金魚の死という変化を経験している友だちだけである。なぜ皆さ

んは「金魚死んだ」と言えないのだろう？　「死んでる」金魚は「死んだ」に違いないにもかかわらず、である。

またたとえば、私はここ数年、さまざまな一般人に「面白い話」をしてもらって、それを収録し、インターネット上で公開している。これまでに二〇〇話以上を収録・公開しているが（http://www.speech-data.jp/chotto/）、日本語母語話者の「面白い話」というのはまず間違いなく個人的な体験談である（Sadanobu, forthcoming）。ところが、これが他言語話者になると、「無人島に男が一人流れ着いたが……」といった、自作ですらないジョーク、小咄《こばなし》がけっこう出てくる。日本語母語話者は「面白い話」というと、なぜジョークや小咄に見向きもせず、これほどまでに自身の体験談にこだわるのだろう？

体験語りの謎は、尽きることがない。本書を契機として、体験語りへの私たちの関心がさらに高まり、議論が深まることを願ってやまない。

追加文献

Croft, William. (1991) *Syntactic Categories and Grammatical Relations: The Cognitive Organization of Information*. Chicago: University of Chicago Press.

Givón, Talmy. (1979) *On Understanding Grammar*. Academic Press.

Givón, Talmy. (1989) *Mind, Code and Context: Essays in Pragmatics*. Lawrence Erlbaum Associates.

Hopper, Paul. (1987) Emergent grammar. *Proceedings of the Thirteenth Annual Meeting of the Berkeley Linguistics Society*, pp.139-157.

池上嘉彦（一九八一）『「する」と「なる」の言語学―言語と文化のタイポロジーへの試論―』大修館書店.

池上嘉彦（二〇〇七）『日本語と日本語論』筑摩書房.

Labov, William. (1972) *Language in the Inner City: Studies in the Black English Vernacular*. Philadelphia: University of Pennsylvania Press.

Langacker, Ronald W. (1991) *Foundations of Cognitive Grammar Vol. II: Descriptive Appication*. Stanford, Calif: Stanford University Press.

益岡隆志（一九八七）『命題の文法―日本語文法序説―』くろしお出版.

中川正之（一九九二）「類型論から見た中国語・日本語・英語」大河内康憲（編）『日本語と中国語の

対照研究論文集（上）』くろしお出版、pp.64-71.

Sadanobu, Toshiyuki. (1995) Two types of event models: Billiard-ball model and moldgrowth model. *Journal of Cross-Cultural Studies, 4*, pp.57-110.
http://www.lib.kobe-u.ac.jp/repository/81001155.pdf

定延利之（二〇〇二）「「インタラクションの文法」に向けて―現代日本語の疑似エビデンシャル―」京都大学言語学研究編集委員会（編）『京都大学言語学研究』第21号、pp.147-185.
http://dx.doi.org/10.14989/87818

Sadanobu, Toshiyuki. (2004) A natural history of Japanese pressed voice. *Journal of the Phonetic Society of Japan, 6* (1), pp.29-44.
http://ci.nii.ac.jp/vol_issue/nels/AA11148803/ISS0000475028_en.html

定延利之（二〇〇六）「動態表現における体験と知識」益岡隆志・野田尚史・森山卓郎（編）『日本語文法の新地平1 形態・叙述内容編』くろしお出版、pp.51-67.

Sadanobu, Toshiyuki. (2010) Event model without time shift. *Studia Universitatis Babeş-Bolyai Philologia, 55* (3), pp.19-33.
https://www.ceeol.com/search/article-detail?id=198706

定延利之（二〇一一）「コミュニケーション研究からみた日本語の記述文法の未来」『日本語文法』第

11巻第2号、pp. 3-16.
定延利之（二〇一二）「「体験」型デキゴトをめぐる研究の経緯と新展開」影山太郎・沈力（編）『日中理論言語学の新展望2 意味と構文』くろしお出版、pp.107-123.
定延利之（二〇一六）『コミュニケーションへの言語的接近』ひつじ書房.
定延利之（近刊a）「体感度の高さに動機づけられる「て（い）る」「た」に関する覚え書き—世界モデルへの潤色を通して—」
定延利之（近刊b）「染み込み速度と「た」—さまざまな現象の中で—」
Sadanobu, Toshiyuki. (forthcoming.) My Funny Talk〟corpus and speaking style variation in spoken Japanese. In David Hebert（ed.）*Translation, Education and Innovation in Japanese and Korean Societies.*
鈴木重幸（一九七二）『日本語文法・形態論』むぎ書房.
田窪行則・金水敏（一九九六）「複数の心的領域による談話管理」『認知科学』第3巻第3号、pp.59-74.
Takubo, Yukinori, and Satoshi Kinsui. (1998) Discourse management in terms of mental spaces. *Journal of Pragmatics, 28* (6), pp.741-758.
Talmy, Leonard.（1976）Semantic causative types. In Masayoshi Shibatani（ed.）*Syntax and*

Semantics Vol. 6: The Grammar of Causative Constructions, pp.43-116. New York: Academic Press.

Talmy, Leonard. (1987) Force-dynamics in language and thought. In William H. Eilfort, Paul D. Kroeber, and Karen L. Peterson（eds.）*Papers from the Parasession on Causatives and Agentivity, Twenty-First Regional Meeting*, pp.293-337. Chicago: Chicago Linguistic Society.

寺村秀夫（一九七六）「『ナル』表現と『スル』表現—日英『態』表現の比較—」寺村秀夫論文集刊行委員会（一九九三編）『寺村秀夫論文集Ⅱ—言語学・日本語教育編—』くろしお出版、pp.213-232.

寺村秀夫（一九八二）『日本語のシンタクスと意味Ⅰ』くろしお出版.

Tulving, Endel. (1972) Episodic and semantic memory. In Endel Tulving and Wayne Donaldson (eds.) *Organization of Memory*, pp.381-403. New York: Academic Press.

付記：補説の章において、日本学術振興会の科学研究費補助金による基盤研究（A）（課題番号：23242023・15H02605、研究代表者：定延利之）・挑戦的萌芽研究（課題番号：15K12885、研究代表者：定延利之）の成果の一部を使用した。

［著者紹介］

定延利之（さだのぶ・としゆき）

一九六二年大阪生まれ。京都大学大学院文学研究科博士後期課程修了。現在、神戸大学大学院国際文化学研究科教授。文学博士。専門は言語学、コミュニケーション論。主な著書に、『コミュニケーションへの言語的接近』（二〇一六年、ひつじ書房）、『日本語社会 のぞきキャラくり―顔つき・カラダつき・ことばつき―』（二〇一一年、三省堂）、『ささやく恋人、りきむレポーター―口の中の文化―』（二〇〇五年、岩波書店）、『認知言語論』（二〇〇〇年、大修館書店）、『談話とプロフィシェンシー―その真の姿の探究と教育実践をめざして―』（共著、二〇一五年、凡人社）などがある。

わたしたちのことばを考える①

煩悩の文法［増補版］

体験を語りたがる人びとの欲望が
日本語の文法システムをゆさぶる話

二〇〇八年　七月一〇日　初版第一刷発行（ちくま新書）
二〇一六年一二月一〇日　増補版第一刷発行

著者　定延利之

発行　株式会社 凡人社
〒一〇二-〇〇九三　東京都千代田区平河町一-三-一三
電話　〇三-三二六三-三九五九

イラスト　小松容子（株式会社アクア）

カバーデザイン　コミュニケーションアーツ株式会社

印刷・製本　モリモト印刷株式会社

定価はカバーに表示してあります。乱丁本・落丁本はお取り換えいたします。

ISBN 978-4-89358-915-6

＊本書は、二〇〇八年七月一〇日にちくま書房より発行された『煩悩の文法―体験を語りたがる人びとの欲望が日本語の文法システムをゆさぶる話―』（ちくま新書）の一部を加筆修正し、「補説」を新たに収録したものです。